Anonymous

Briefe eines Deputierten beim Friedenskongress zu Rastatt

Anonymous

Briefe eines Deputierten beim Friedenskongress zu Rastatt

ISBN/EAN: 9783743470354

Hergestellt in Europa, USA, Kanada, Australien, Japan

Cover: Foto ©ninafisch / pixelio.de

Weitere Bücher finden Sie auf **www.hansebooks.com**

Briefe

eines Deputirten

beym

Friedens Congresse zu Rastatt.

Mainz 1798.

Vorbericht.

Ich bat meinen Freund um die Erlaubniß, die folgenden, von Rastatt an mich geschriebenen Briefe dem Druck übergeben zu dürfen.

Halte es damit, wie du willst, antwortete er mir. Anders spricht man freylich zu einem Freunde, anders zu dem Publikum. Da inzwischen meine Briefe nichts enthalten, was nicht jedermann wissen dürfte, und da ich ausserdem überzeugt bin, daß unter den gegenwärtigen Umständen und bey der herrschenden Stimmung der Gemüther, es von den schlimmsten Folgen seyn könnte, Dinge verheimlichen zu wollen, die das allgemeine Interesse des Vaterlandes und jedes einzelnen Staatsbürgers betreffen, so habe ich im Grunde nichts gegen die Bekanntmachung meiner Briefe, in welchen du nur das wegstreichen wirst, was auf meine individuelle Lage

Lage eine zu sichtbare Beziehung hat. Fremde Leser, die gewohnt sind, bey einem Schriftsteller nur ihre Ansicht der Dinge und folglich auch nur ihre Urtheile zu suchen, werden sich vielleicht über mich ärgern, aber dergleichen Leute thäten wohl daran, überhaupt gar kein Buch zu lesen, dessen Verfasser selbst zu sehen gewöhnt ist.

So weit mein Freund! Er hat mir versprochen, mich auch fernerhin mit den Denkwürtigkeiten des Congresses zu unterhalten, und so werde ich im Stande seyn, diesem ersten Bändchen ein zweytes folgen zu lassen.

M. im Febr. 1798.

N.

1.

Rastatt, den 18. Nov. 1797.

Mit einer bangen Ahnung näherte ich mich dem Ort, wo der Friede mit dem deutschen Reiche unterhandelt werden soll. Nirgend zeigt sich der Mangel an Selbstständigkeit in unserer Verfassung auffallender, als unter Umständen, wie die gegenwärtigen. Daß wir — abgetheilt in eine Menge meist kleiner Staaten und Gebiete, nie einen Eroberungskrieg führen können, wäre eben nicht unsre schlimme Seite; aber daß wir andern immer zu ihren Absichten mithelfen müssen, und bey dem sich ewig durchkreutzenden Interesse unserer Fürsten nicht einmal im Stande sind, uns gegen Angriffe hinlänglich zu schützen, dieß ist eines von den Hauptgebrechen unserer Constitution. Oesterreich hat sich noch glücklich genug aus einem Kriege gezogen, wo alles auf dem Spiele stand, und dem es, unachtsam auf Coburgs und Metternichs weise Rathschläge — nach den Schlachten bey Neerwinden und Aldenhoven ein Ziel zu setzen versäumt hatte. Der Friede von Campo Formio rückte seine getrennten Länder zusammen, und ersetzte ihm an innerer Kraft, was es an Quadratmeilen und Menschen verlor. Aber diesen Frieden schloß Oesterreich als souveräne Macht, und nun, fürcht ich, steht Deutschland allein da, und dem deutschen Manne bleibt nichts übrig, als sich, wie Cäsar, in seinen Mantel zu hüllen, und — die Hand des Schicksals zu erwarten.

Dieß sind nicht Träume eines Kranken. Zwar wurde in den Präliminarien von Leoben auch des deutschen Reichs erwähnt, und in dem Kaiserl. Hofdekret vom 18. Jun. steht folgende tröstliche Eröffnung:

„Es

„Es ward in den am 18. April d. J. zwischen dem K. K.
„und französischen Bevollmächtigten unterzeichneten, und nun
„wechselseitig ratifizirten Friedenspräliminarien zugleich
„auch von Sr. Kaiserl. Majestät auf Einleitung des allge-
„meinen Reichsfriedens Bedacht genommen, und darinn zur
„Begründung eines billigen und sichern Friedens festgesetzt,
„daß, vom Tage der Unterzeichnung an, alle Feind-
„seligkeiten zwischen dem deutschen Reiche und der
„fränkischen Republik aufhören sollen; daß ein
„Congreß von beyderseitigen Bevollmächtigten zu
„beschicken und der Hauptfriede auf die Integrität
„des Reichs abzuschliessen sey."

Aber was ist Integrität des Reichs mehr als ein politisches Wortspiel, nachdem einmal durch jene Präliminarien
selbst Frankreichs neue, durch seine Constitution bezeichnete
Gränze anerkannt, und Belgien, Lüttich ꝛc. vom deutschen
Reiche abgerissen worden sind; und denn, mein Freund! ist es
als ausgemacht anzunehmen, daß in dem Friedensdokument
von Campo Formio manches anders stehe, als in den
Präliminarien von Leoben. Am 18. April war Frankreich
in einer ganz andern Lage als am 17. Oct. Damals sagte
Carnot: und wenn der Kaiser Paris verlangt, so
müssen wirs ihm geben, um Frieden zu bekommen.
Der achtzehnte Fructidor vernichtete die lezten Hoffnungen
des Royalismus: seine Donner tönten in Blankenburg und
in Udine wieder. Was über Deutschland beschlossen wurde,
muß sich bald zeigen. Große Veränderungen stehen uns zuverläßig bevor, und als deutscher Mann kann ich nicht gleichgültig dabey seyn.

Stünde

. . Stünde ich auf diesem Fleck nur als bloßer Weltbürger, so würde ich dem ganzen Schauspiel mit stiller Aufmerksamkeit zusehen, und mich mit dem Wahlspruche beruhigen: **Wenn nur die Menschheit dabey gewinnt!** Aber den deutschen Staatsbürger muß es tief kränken, sein Vaterland als eine Eroberung und sich selbst als eine Waare behandelt zu sehen.

2.

Am 28. Nov.

Es hat sich wohl mit dem westphälischen Frieden! wenn der schwedische Gesandte hier sonst nichts wollte, so konnte er die Reisekosten sparen. Noch vor geendigtem Zwist, auf dem Schlachtfelde ist es, wo man — nicht mit der Pergamentrolle, sondern mit dem Säbel in der Hand, die Garantie geltend machen muß? Hätten die Friedensgaranten von jeher ihre Schuldigkeit gethan, so stünden in unserer Reichsgeschichte nicht so viele ewige Frieden verzeichnet, die samt und sonders mit dem erbaulichen Eingang beginnen: „Es soll ein allgemeiner und beständiger Friede seyn zwischen A und B und C und D."

Aber auch der beste Wille vermag oft nichts gegen Zeit und Umstände. Menschliche Verhältnisse und Kräfte sind einem steten Wechsel unterworfen, und ein Staat, der heute zum ersten Range gehört, sinkt morgen zum zweyten, dritten und vierten herab. Zur Zeit des dreyßigjährigen Krieges war Schweden furchtbar genug, aber wie ungleich weniger kommt es itzt in Betrachtung, wo fast alle Staaten ihre Grenzen und Kräfte gewechselt haben, und die ganze europäische Taktik an der Energie eines einzigen Volkes zu Schanden geworden ist?

Schweden hat auch in der Wahl seines Gesandten einen politischen Fehler gemacht. Ich lasse den persönlichen Eigenschaften des Grafen von Fersen alle Gerechtigkeit wiederfahren, aber er, einst Liebling des Versailler Hofes und als Theilnehmer seiner antirevolutionären Maaßregeln beargwöhnt, konnte sich unmöglich eine gefällige Aufnahme von den französischen Ministern versprechen.

Buonaparte wieß seinen Besuch ab. Es giebt keinen westphälischen Frieden mehr, sagte er; die Muthmaßungen meines ersten Briefs waren also nicht ungegründet. Es komme übrigens, wie es wolle, als Mensch bin ich resignirt. Wir sind nicht im Kindesalter der Menschheit, wo das junge Geschlecht unter Blumen spielte, unbekümmert um die Zukunft; wir stehen im Mannsalter, und zum Manne reift man nur unter den Stürmen und Stößen des Schicksals.

Lebe wohl, mein Freund! und beruhige dich mit mir in dem Gedanken — daß das, was unsern höchsten Wunsch und Werth ausmacht, unabhängig ist von dem Wechsel der Zeiten und der Verhältnisse, und daß wahre Freiheit und wahre Sklaverey nicht in unsern Verfassungen, sondern in dem Sinne des Menschen liegen.

3.

Am 2. Jan.

Gestern wurden die Ratifikationen des Friedens von Campo Formio in aller Stille ausgewechselt, und Buonaparte reiste noch in der Nacht damit nach Paris ab.

Ich habe den Italiker gesehen und gesprochen. Es ergriff mich wunderbar bey seinem Anblick, und ich stand eine Weile in sein Anschauen versunken, ohne viel auf einige Fragen zu achten,

achten, welche er an mich that. Er mag es wohl bemerkt, und es muß ihm mehr geschmeichelt haben, als das feinste Compliment. Einen solchen Mann ehrt man ohnedieß nicht durch Weihrauch.

Er ist klein, mager, blaß, und geht etwas gebückt. Eine solche Feuerseele muß einen solchen Körper bald zerstören. Sein Aussehen ist ernst und verschlossen, und er scheint nicht auf das zu denken, was er gethan, sondern auf das, was er noch thun will. Sein Auge sprüht Feuer und muß schrecklich seyn im Gewühle der Schlacht. Mit diesem zernichtenden Blick mag C. Marius den cimbrischen Sklaven angesehen haben, der ihn ermorden sollte, und der zitternd das Schwerdt fallen ließ und dem Senat zu Minturnum berichtete, daß aus den Augen des schrecklichen Mannes Blitze auf ihn zugefahren seyen.

Seine Lieblingslectüre sind die Geschichten der Griechen und Römer, und man sieht ihm an, daß er in einer fremden Welt einheimisch ist.

Buonaparte, wie muß es dir gewesen seyn, als du das Capitol vor dir sahst und nicht weiter gehen konntest! —

Um dir, mein Lieber, eine angenehme Stunde zu machen, lege ich diesem Briefe eine Skizze von Buonapartes Jugendgeschichte bey, die ich gestern zu meinem Zeitvertreib übersetzte. Der Verfasser ist ein Emigrant, welcher in London lebt, ein ehmaliger Mitschüler des Helden, und hat seine kleine Schrift dem Sir Andreas Douglas in einem vorgedruckten Briefe zugeeignet, der sehr für ihn einnimmt. „Das Unglück, sagt der französische Uebersetzer Bourgoing, dem das Werkchen einige Zusätze und Berichtigungen verdankt, das Unglück hat den Verfasser gebeugt, aber weder erbittert noch ungerecht gemacht. In seiner Erzählung herrscht eine Offenheit, die

das

das Gepräge der Wahrheit ausmacht, und hätte die Republik lauter solche Feinde, sie würde bald hinreichend befestigt seyn.

Doch, ich schliesse meinen Brief, damit du selbst lesen und urtheilen könnest.

Beylage.

Züge aus Buonapartes Jugendgeschichte.

Buonaparte wurde zu Ajaccio auf der Insel Corsica von adelichen aber armen Eltern geboren. Seine Familie, ursprünglich aus Italien, gehörte zu den Patriciern der kleinen toscanischen Stadt San-Miniato, wo sein Onkel von väterlicher Seite im vorigen Jahre noch lebte, und einen Besuch von seinem Neffen bekam, als dieser, nach der Besetzung von Livorno, nach Florenz reiste.

Der junge Buonaparte hatte einen Beschützer an dem Grafen von Marboeuf, dem damaligen französischen Gouverneur auf Corsica, von dem böse Zungen verbreiteten, daß er in zärtlichen Verbindungen mit der Mutter des Helden gestanden. Hätte dieses Factum auch seine Richtigkeit, so würde es bloß den gemeinen Wahn bestätigen, der Kindern der Liebe einen männlichern, entschiedenern Charakter beylegt.

Zu Anfang des Jahres 1779 wurde der junge Buonaparte nach Brienne in die Militärschule geschickt, um dort in den Wissenschaften unterrichtet zu werden. Ungefähr fünfzehn bis achtzehn Monate nachher brachte mich mein Vater ebenfalls dahin. Ich war noch jünger als Buonaparte, und von ihm verschieden in Charakter und Neigungen. Es hatte zwischen uns nie eine besondere Freundschaft statt, aber da ich mit ihm unter einem Dache lebte, und wir einerley Beschäftigungen theilten,

theilten, so mußte er meine Aufmerksamkeit auf sich ziehen, und frühe schon betrachtete ich ihn als ein ausserordentliches Wesen. Unter hundert und fünfzig Zöglingen war keiner ihm in seinen Neigungen und Anlagen ähnlich. Ich wüßte nicht daß er je irgend einem seiner Schulgefährten den geringsten Beweiß von Vorliebe gegeben hätte. Er war finster und sogar schüchtern, fast immer in sich selbst verschlossen, gleich einem Wesen, das erst kürzlich den Wäldern entflohn und bis dahin allen seines gleichen unbekannt, zum erstenmal die Eindrücke der Verwunderung und des Mißtrauens empfunden hätte. Immer allein, Feind aller Spiele und Zeitvertreibe der Kindheit, nahm er nie Theil an den lärmenden Freuden seiner Kameraden, und wenn er bisweilen unter ihnen erschien, so war es nur, um ihnen Verweise zu geben. Ich hab es oft gesehen, wie er angegriffen von einem Haufen seiner Mitschülern, die er durch bittern Spott gereizt hatte, ihre Schläge mit der größten Kaltblütigkeit erwiederte, und ihren vereinigten Angriff zurück trieb. So schien Buonaparte schon in einem so zarten Alter vorauszusehen, daß ihn das Schicksal einst dazu berufen würde, die größten Hindernisse zu überwinden; es war, als wenn er sich schon damals auf die Rolle vorbereitete, die er einst spielen sollte.

Frühe zeigte sich in ihm der Wunsch oder vielmehr das Bedürfniß der Freyheit. Der bloße Gedanke der Abhängigkeit hatte etwas Erniedrigendes in seinen Augen; oft wenn ihn seine Schulgefährten durch ihre Neckereyen über die Vereinigung seines Vaterlandes Corsica mit Frankreich aufgebracht hatten, sagte er im Tone des höchsten Unwillens: Ich hoffe einst im Stande zu seyn, meine Landsleute wieder frey zu machen. Er ahnete schon, daß er in wenigen Jahren berufen seyn
würde,

würde, sogar Frankreichs Macht zu befestigen, und über das Schicksal der andern großen Staaten Europens zu entscheiden.

Seine ersten Fortschritte im Studiren waren nicht ausgezeichnet, und besonders blieb er in der lateinischen Sprache zurück. Diese Nachläßigkeit war um so auffallender, da seine Wißbegierde und sein Drang zur Beschäftigung in ihm bald zur Leidenschaft wurden. Ein geheimer Instinct leitete schon seine Wahl auf Gegenstände, denen er seinen Ruhm verdankt. Die Mathematik, das Fortificationswesen, die Regeln des Angriffes und der Vertheidigung fester Plätze, und vor allem die Geschichte, erfüllten alle seine Augenblicke. Diesem Studium überließ er sich ganz, und ich zweifle keineswegs, daß der Enthusiasm, den er seitdem gezeigt hat, aus den Lebensbeschreibungen jener Helden geschöpft war, die er sich gleich bey seinem Eintritt in die Welt zu Mustern vorgesetzt hatte.

Niemand war besser im Stande als ich, seinen ausserordentlichen Hang zum Lesen zu beobachten. Ich war einer von denen, welchen die Aufsicht über die Schulbibliothek anvertraut war, und dieß gab mir häuffig Gelegenheit, Buonaparte zu sehen, denn er kam täglich, um sich Bücher zu holen. Dieß machte mich zuletzt ärgerlich, und ich war ungerecht genug, ihn dieß merken zu lassen. Zu meiner Rechtfertigung muß ich indeß sagen, daß ich mir einbildete, er thue es nur, um mich zu plagen, und darum zeigte ich mich bisweilen ziemlich unartig gegen ihn. Der Knabe Buonaparte war weder geduldiger noch weniger entschlossen, als der Held, und er ließ mich manchmal fühlen, daß ich nicht klug gethan hatte, ihn zu reitzen.

Bey seinem zurückhaltenden Charakter und der ungetheilten Aufmerksamkeit, womit er seine Untersuchungen verfolgte, fand

fand Bounaparte seinen höchsten Genuß in der Einsamkeit. Lange Zeit brachte er seine Erholungsstunden damit zu, einen Theil eines beträchtlichen Stück Landes, das unter die Zöglinge vertheilt worden war, zu bearbeiten, und in einen Garten umzuschaffen. Nachdem er zwey seiner Mittheilnehmer, gezwungen hatte, es ihm ganz zu überlassen, ließ er seine erste Sorge seyn, durch starke Pallisaden den Zugang zu demselben erschweren, und er verwendete hinzu alles Geld, welches ihm Herr von Marbeuf zu seinen kleinen Ausgaben schickte. Die schon dicht zusammengewachsene Bäume, die er selbst gepflanzt hatte und mit der größten Sorgfalt wartete, machten seinen Garten nach zwey Jahren zu einer vollkommenen Einsiedler-Wohnung. Wehe dem neidischen, schalkhaften oder auch nur muthwilligen Zöglinge, der es gewagt hätte, seine Ruhe zu stören; gleich würde man ihn mit Entschlossenheit haben herausstürzen sehen, um die Angreifenden zurückzuschlagen, wie beträchtlich auch ihre Zahl hätte seyn mögen.

Hier an diesem unzugänglichen Orte bildete die nach Ruhm dürstende Seele Buonapartes die Keime eines edlen Ehrgeizes langsam in sich aus, und suchte Nahrung in dem Beyspiele jener großen Männer, die er zu übertreffen sich beyzeigte.

Eine so ausgezeichnete Lebensweise mußte nothwendig Aufmerksamkeit erregen. Seine Lehrer und Mitschüler, unfähig in die Ursachen dieses ungewöhnlichen Betragens einzudringen, sahen in ihm nur einen lächerlichen Sonderling. Umsonst wurden alle Mittel versucht, ihn zu sich selbst zurückzubringen, und ihn zur Aenderung seiner Lebensart zu vermögen. Unempfindlich gegen Beschimpfungen, die ihn nicht treffen konnten, setzte er den Spöttereyen seiner Lehrer stille Verachtung entgegen. Selbst Strafen und Züchtigungen waren ohne Wirkung.

Die Verſammlungen der Zöglinge geſchahen auf militäriſchen Fuß. Sie waren in Compagnien eingetheilt, die ein kleines Bataillon bildeten, und wovon der Obriſte und alle Offiziere, ſämtlich aus den Zöglingen gewählt, die gewöhnlichen Abzeichen der franzöſiſchen Uniform trugen. Buonaparte war Capitän. Man glaubte, daß der Verluſt einer Ehrenſtelle, die nur dem Verdienſte zugetheilt wurde, und durch den Eifer, womit ſich die jungen Leute darum bewarben, täglich mehr Anlockendes erhielt, ihn empfindlich kränken müßte.

In einem förmlichen Kriegsrath wurde Buonaparte unwürdig der Ehre erklärt, ſeine Kameraden zu kommandiren, deren Wohlwollen er ſo gering achtete. Man las ihm die Sentenz vor, die ihn degradirte, und auf den letzten Platz im Bataillon verſetzte, und nahm ihm hierauf die Ehrenzeichen ſeines Rangs ab. Buonaparte ſchien gleichgültig bey dieſer Beſchimpfung, oder vielmehr er war zu ſtolz, um ſeine Kränkung blicken zu laſſen. Seine Obern bereuten vielleicht ihre Verfahren, aber von dieſem Moment an hatte er die Liebe ſeiner Gefährten. In dieſem Alter iſt die Seele noch großmüthig, und man verfolgt die nicht, welche unglücklich ſind.

Dieſes Betragen von ihrer Seite hatte den glücklichſten Erfolg. Buonaparte nahm die Freundſchaftsbeweiſe ſeiner Kameraden nicht als einen Troſt auf, deſſen er nicht nöthig zu haben glaubte, aber er ſchien gerührt von der Güte ſeiner jungen Freunde. Ohne in ſeinem anhaltenden Fleiſſe im Studiren etwas nachzulaſſen, wurde er von nun an geſelliger. Er miſchte ſich bisweilen in unſre Spiele, und erwarb ſich dadurch das Recht, einige neue Arten der Unterhaltung vorzuſchlagen. Wenn aber das Angenehme einige Reitze für ihn haben ſollte, ſo mußte es mit dem Nützlichen verbunden ſeyn,

und

und auch hierinn verleugnete er seinen Character nicht. Die olympischen Spiele der Griechen und die aus dem Circus von Rom waren die Muster, welche er uns zur Nachahmung vorlegte. Das Neue gefällt der Jugend, besonders der französischen. Buonaparte wurde unser Anführer, und für seinen verlornen Capitänstitel erhielt er einmüthig von uns den eines Aufsehers über unsre Ergötzungen.

Wenn die Menschen gewöhnlich in ihren Vergnügungen die Gränze der Mäßigung überschreiten, so ist dieß bey Kindern weniger zu verwundern. Unsre Spiele wurden Schlachten. Wir waren abwechselnd Römer und Carthager, Griechen und Perser, und glaubten uns berufen, die enthusiastische Wuth dieser alten Krieger nachzuahmen. Unsre Waffen waren Steine. Dabey gab es nicht selten Blessuren, und unsre Obern waren genöthigt, unserm jugendlichen Muth Einhalt zu thun. Unsre Spiele wurden verboten, und unser General erhielt strenge Verweise.

Jetzt zog sich Buonaparte wieder in seinen Lieblings-Garten, zu seinen gewohnten Beschäftigungen zurück, und erschien nicht mehr unter uns, bis der Schnee die Erde bedeckte, und uns der Steine, dieser furchtbaren Hülfsmittel unsrer vorigen Kriege, beraubte. Dieß gab unserm Anführer den Vorwand, einen neuen Feldzug zu eröffnen.

Die Feindseligkeiten wurden jetzt nothwendigerweise von ganz anderer Natur, und die neue Kriegskunst trat an die Stelle der alten. Genau bekannt mit der Fortifikationswissenschaft, versuchte Buonaparte seine Theorie in Ausübung zu bringen, und bald sah man im Hofe der Schule Verschanzungen, Bastionen und Reduten von Schnee emporsteigen. Unter der Leitung eines solchen Führers arbeitete ein jeder mit Eifer und

Vergnügen. Alles wurde mit so vieler Kunst ausgeführt, daß sie die Neugierde der Einwohner von Brienne und sogar der Fremden auf sich zog, welche während des Winters haufenweise kamen, um unsre Fortifikationen von Schnee in Augenschein zu nehmen. Sobald alles im Stande war, erwarteten wir mit äusserster Ungedult die Befehle zum Angriff und zur Vertheidigung. Buonaparte leitete unsre Bewegungen, und indem er sich bald an die Spitze der Belagerer bald an die der Belagerten stellte, lernte er früh bey diesen unterrichtenden Spielen Muth mit Geschicklichkeit zu verbinden. Schneeballen waren unsre einzigen Waffen, und da es hiebey keine gefährlichen Blessuren gab, so waren unsre Lehrer ruhige Zuschauer bey unsern Veranügungen. Sie fanden es sogar für zweckmäsig, unsern Muth dadurch anzufeuern, daß sie denjenigen Beyfall klatschten, die sich entweder durch ihre Tapferkeit oder durch Erfindung einer neuen Kriegslist auszeichneten. Buonaparte, schon reich an Hülfsmitteln, mußte das Interesse immer wach zu erhalten, indem er täglich ein neues Manöver ersann. Aber die Frühlingssonne zernichtete unsre Verschanzungen und unsre Waffen, und wir mußten unsre nützlichen Spiele auf den nächsten Winter aussetzen.

Dieß war die Schule, dieß waren die ersten Versuche des jungen Helden, der seitdem an der Spitze einer neuausgehobenen Armee, die ohne Disciplin, und fast ohne Zutrauen zu ihrem Feldherrn war, die tapfersten Truppen Europens zu überwinden, und die Maaßregeln der erfahrensten Generäle zu vereiteln gewußt hat. Diesen Jugendspielen verdankt er den ersten Unterricht in der Kunst zu siegen. Hier schöpfte er jenen kriegerischen Enthusiasm, der die ersten Versuche seines Genies entwickelte. Schon damals war er durchdrungen von Bewunderung

derung für die Heroen des Alterthums. Ihre Unternehmungen, ihre Tugenden waren seine Muster, und die Begierde, sie zu übertreffen, wurde der Gegenstand seines schönen Ehrgeizes.

Obgleich diese fortgesetzten Uebungen, diese anstrengenden Ergötzlichkeiten der Thätigkeit Buonapartes einige Nahrung gaben, so glaub ich doch, daß seine Gesundheit durch das anhaltende Studiren in seinen ersten Jahren sehr gelitten habe, und daher mag denn auch sein kränkliches Aussehen kommen, obgleich sein von Natur starker Körper zu Strapatzen gemacht scheint.

Er ist klein von Wuchs, hat aber sehr breite Schultern. Seine dunkelblauen Augen sind klein, aber voll Seele. Er hat braune Haare, eine breite, vortretende Stirne, ein schmales Kinn, ein länglichtes Gesicht und ist schwarzgelblicht von Farbe. Seine Physionomie hat, für den ersten Anblick, nichts Ausserordentliches, aber wenn man ihn aufmerksam betrachtet, so entdeckt man leicht den tiefen Denker, und die Lebhaftigkeit seines Blicks kündigt einen thätigen, kraftvollen Geist an.

Seine einsiedlerische Lebensart hat seinen Manieren einen Anstrich von Rauhigkeit und vielleicht auch von Schüchternheit gegeben. Er ist empfänglich für heftige Leidenschaften, und sein Zorn gegen seine jungen Gefährten grenzte manchmal an Wuth. Folgender Zug giebt einen Beweis hievon, und ist ausserdem sehr charakteristisch.

Der Ludwigstag war ein großes Fest in der Militärschule. Ein jeder Zögling, welcher das vierzehnte Jahr erreicht hatte, durfte sich eine Quantität Pulvers anschaffen, um diesen Tag durch Feuerwerk und Freudenschüsse zu verherrlichen. Im Jahr 1785, dem letzten, welches Buonaparte in diesem Institut zubrachte, war dieses Fest ausserordentlich lärmend, aber Buonaparte nahm nicht den mindesten Antheil an der lauten Freude seiner Mitschüler, sondern blieb ruhig in seiner Einsiedlerwohnung, und beschäftigte sich mit seinen gewöhnlichen Studien. Gegen neun Uhr Abends wurde neben seinem Garten ein Feuerwerk abgebrannt; unglücklicherweise hatte man in der Nähe eine Schachtel, die einige Pfund Pulvers enthielt, stehen lassen; einige Funken flogen hinein. — die Explosion war schrecklich. Mehrere Arme und Beine wurden dabey zerbrochen, und einige Gesichter erbärmlich zugerichtet. Diejenigen, die sich retten konnten, warfen die Pallisaden des benachbarten Gartens nieder. Buonaparte, so wie er den Lärm hörte, greift nach seiner Schaufel, springt hinzu, und treibt alle diejenigen gewaltsam hinaus, die seine schwachen Verschanzungen eingebrochen hatten. Die Streiche, die er austheilte, vermehrten noch die Anzahl der Blessirten dieses Tags. Es war, als wenn er seine Mitschüler dafür bestrafen wollte, daß sie sich eine Lust an einem Festtage gemacht hatten, der seine schon damals republikanische Seele empören mußte, weil er einem Könige zu Ehren gefeiert wurde. Uebrigens haben Zeit und Vernunft die Härte gemildert, wovon er uns bey jener Begebenheit so traurige Beweise gab, und der Eroberer Italiens ist nicht weniger berühmt durch seine Menschlichkeit als durch seine glänzenden Siege.

Buonaparte verließ die Militärschule zu Brienne gegen Ende des Jahrs 1785. Der Chevalier von Renault, damals Oberaufseher, wußte den Werth des Jünglings zu schätzen, und ließ ihm, ungeachtet der vielen Klagen seiner Lehrer, welche sein ungestümer Charakter gegen ihn aufgebracht hatte, Gerechtigkeit wiederfahren. Es wurden um jene Zeit einige königliche Zöglinge, von denen man günstige Erwartungen rangen hatte, in die Militärschule nach Paris geschickt. Buonaparte war von der Zahl. Seine Talente leiteten die Wahl eines Offiziers, der sein eignes Emporkommen einzig seinen Verdiensten zu verdanken hatte.

Bey seiner Ankunft zu Paris zeigte er Neigung für den Artilleriedienst, denn dieses und das Geniekorps waren die einzigen in Frankreich, in denen das Verdienst nicht hinter dem Gold und der Intrike zurück bleiben mußte. Mit unermüdetem Eifer legte er sich auf die mathematischen Wissenschaften, und bald war er im Stand, sich der gewöhnlichen Prüfung zu unterwerfen. Diese fiel so gut aus, daß er als Artillerie-Offizier bey dem Regiment de la Fer angestellt wurde.

Nicht lange hernach brach die Revolution aus. Nach den Grundsätzen, zu welchen sich Buonaparte von seiner frühesten Jugend an bekannte, läßt sich leicht denken, daß er sich für die Sache der Freyheit erklärt haben werde. Fest in seiner Abneigung gegen das Königthum und voll von hoher Ruhmbegierde konnte er eine so schöne Gelegenheit, sich bemerkt zu machen, nicht von der Hand weisen. In schwierigen Lagen zeigt sich der Mann von starkem Geist. Durch einen kühnen Entschluß unterscheidet er sich vom großen Haufen; dessen bange Unentschlossenheit seine Schwäche verräth. Siegen oder ruhmvoll sterben — auf diesen Wechselfall beschränken sich alle seine Wünsche. Ob es gleich beym Beginnen der Unruhen gefährlich war, sich für eine Parthie zu erklären, so war doch Buonaparte zu stolz zur Verstellung. Mit Enthusiasm bekannte er sich zu den Lehren der Freyheit und Gleichheit, und als das Decret erschien, welches ausser dem Verdienst keinen andern Unterschied zwischen den Menschen ferner gestattete, so segnete es sein adoptirtes Vaterland, Frankreich, daß es nun

dem

dem Vorurtheile nicht mehr vergönnte, das Talent auf seiner Bahn aufzuhalten. Fast alle seine Kameraden wurden itzt seine Feinde; es gab häuffige Zwiste zwischen ihm und ihnen, und es fehlte wenig, so wär er das Opfer seiner freyen Aeusserungen geworden.

Eines Tags gieng er mit einigen Offizieren von seiner gewöhnlichen Gesellschaft längs dem Wasser hin. — Die Unterredung wurde so hitzig, daß seine Kameraden in einem Anfalle jener Raserey, zu welcher Streitigkeiten über Meynungen so leicht hinreißen, im Begriff standen, ihn in den Fluß zu werfen. Zum Glück fiel ihnen noch zu rechter Zeit ein, daß es schändlich sey, die Ueberlegenheit vieler über einen so zu mißbrauchen, und der Eroberer Italiens blieb seiner Bestimmung aufbehalten.

Buonaparte blieb darum nicht weniger fest bey seiner Meynung. Sie gewann ein noch höheres Interesse für ihn durch die Gefahr, in welche sie ihn gestürzt hatte. Aber er unterbrach forthin alle Gemeinschaft mit seinen Kameraden, bis der Revolutionsgeist größern Fortgang machte, und mehrere von denen, die ihn verdammt hatten, seine Grundsätze annahmen.

Manche von denen, die sich im Anfange laut für den Royalismus erklärt hatten, erlaubten sich in der Folge unter dem mißbrauchten Namen der Freyheit, die schändlichsten Ausschweifungen. Buonaparte konnte nie anders, als diese Menschen verabscheuen. Er, der seine Siege eben sowohl der guten Ordnung, die er unter seinen Truppen zu handhaben wußte, als seiner Tapferkeit verdankt, hat nicht nöthig, erst zu lernen, wie unverträglich Insurrection mit Disziplin ist. Ein schöner Ehrgeiz führte ihn zum Ruhm, und nie gleitete er vom Pfade der Ehre ab. Seine gründlichen Kenntnisse

waren

waren seine erste Empfehlung, und die Art, wie er sie anwendete, machte sein Glück. Es ist wahr, ein mächtiger Freund unterstützte sein persönliches Verdienst, und erleichterte ihm den Eintritt in eine Laufbahn, wo er schon die berühmtesten Helden erreicht hat, aber Freundschaft hat in einem solchen Falle sich wohl um das Vaterland verdient gemacht; und Buonaparte, indem er sie durch den Sieg rechfertigte, hat einen Zoll der Dankbarkeit entrichtet, wie es erhabenen Seelen ziemt.

Im Jahr 1790 begleitete Buonaparte den General Paoli, der sich eine zeitlang in Paris aufgehalten hatte, nach Corsika. Während der drey Jahre, die er dort im Schoose seiner Familie zubrachte, wendete er alle seine Zeit darauf, sich in der Kriegskunst zu vervollkommnen. Die Unruhen, deren Schauplatz diese Insel im Jahr 1793, nach dem Anklagedekret wider Paoli wurde, vermochten ihn, nach Paris zurückzukehren. Er beredete seine Familie, ihm zu folgen. Sie ließ sich in der Gegend von Toulon nieder. Bald hernach fieng die Belagerung dieser Stadt an, die sich damals in den Händen der Engländer befand. Buonaparte wurde durch Barras und andre Commissärs zum General der Artillerie ernannt. In diesem Posten gab er die ersten Beweise seines militärischen Genies. Man hatte ihm den Angriff der Redouten und äussern Werke des Platzes aufgetragen. Sein kühner Geist ersann einen Plan, den man für unausführbar halten würde, wenn er nicht seither durch hundert Beyspiele gezeigt hätte, daß er seinen Muth auch seiner Armee mitzutheilen und eben so gut auszuführen, als zu erfinden wisse.

Die Tyranney der Decemvire, deren Herrschaft auf Toulons Eroberung folgte, war der Tugend und dem Talent gleich gefährlich.

gefährlich. Schmählicher Tod erwartete den, der den Argwohn des Ungeheuers erregte. Das Verdienst mußte sich in Dunkelheit hüllen. Ich glaubte lange, auch Buonaparte sey unter den zahllosen Opfern der Guillotine gefallen. Der 13te Vendemiär benahm mir meinen Irrthum. Barras, der an diesem Tage die Maaßregeln des Gouvernements gegen die revoltirten Sectionen leitete, vertraute ihm das Commando der Convents-Truppen, welches der General Gentili, seiner Taubheit wegen, hatte niederlegen müssen. Der glücklichste Erfolg rechtfertigte zum zweytenmal Barras Vorliebe für den jungen Buonaparte. Die National-Convention verdankte ihm ihren Triumph. Paris nahe daran, ein Aschenhaufe zu werden, erhielt seine innre Ruhe wieder, und man mag über die französische Revolution selbst denken, wie man will, so wird man doch gestehen müssen, daß Frankreich der Standhaftigkeit und dem Muth Buonaparte's die Erhaltung einer großen Zahl seiner Bürger schuldig ist, die thörichte Wuth gereizt hatte, sich einander selbst zu morden.

Von dieser Epoche bis zu dem Zeitpunkt, wo das französische Gouvernement den Krieg nach Italien decretirte, liefert das öffentliche Leben Buonaparte's wenig Interessantes. Aber die bedenkliche Lage, in welcher die Leitung dieser gefahrvollen Expedition ihm anvertraut wurde, mußte auf ihn, der noch so wenig gekannt war, die größte Aufmerksamkeit richten.

Der wilde Robespierre hatte seiner Wuth die besten Generale der Republik geschlachtet. Cüstine und Houchard waren unter dem Beil gefallen; Dumouriez war entflohen, und Pichegrü zurückberufen worden. Jetzt wurde Buonaparte, kaum über die Grenze des Jünglingsalters hinaus, an die Spitze einer undisciplinirten Armee, den besten Truppen

und

und versuchtesten Generälen Europens gegen über gestellt. Er mußte sie in ein Land führen, wo die Natur selbst zu bekämpfen ist; welches Vertrauen konnte diese Armee auf einen General von sechs und zwanzig Jahren haben, dessen Aeußeres wenig zu versprechen schien, und der bereits der Gegenstand der dem französischen Soldaten so gewöhnlichen Spöttereyen war? Konnte er selbst viel von einem Heer erwarten, dem es an Magazinen, an Kleidung, an aller Kriegserfahrung fehlte? Wie viel vereinigte sich nicht gegen die Hoffnung eines guten Erfolgs?

Buonaparte wurde dadurch nicht muthlos. Ueberzeugt, daß sich das Vertrauen der Soldaten nicht gebieten lasse, suchte er es zu erwerben. Die dringendsten Bedürfnisse seiner Truppen waren der erste Gegenstand seiner Aufmerksamkeit, und mit seiner gewohnten Thätigkeit hatte er hierinn bald Rath geschaft. Die Armee, die sich so schnell im Stande fand, Angriffsweise zu Werke zu gehen, erkannte bald den Einfluß seines Geistes. Die Vorurtheile gegen ihn verschwanden; Hoffnung lebte in aller Herzen, und der Feldzug hatte kaum angefangen, als die vor kurzem noch so schlecht bestellte Armee in den ersten Schritten ihre künftigen Thaten ahnen ließ. — —

Weiter, sagt der Verfasser, folge ich meinem Helden nicht. Eine geübtere Feder, als die meinige, mag es unternehmen, Thaten aufzuzeichnen, welche die Nachwelt kaum glauben wird. Meine flüchtige Skizze wird wenigstens den Beobachter überzeugen, daß der Charakter dieses seltenen Mannes sich, von seinen Kinderjahren an, immer gleich blieb. Eben so unerschrocken im Ausführen seiner Plane, als fest in seinen Grundsätzen, hat Buonaparte gleich bey seinem ersten Auftritt auf der Kriegsbühne, einen Muth gezeigt, den Hindernisse nur erhöhten, und eine Schnelligkeit, die alle feindlichen Entwürfe überflügelte. Stäts seinen Vortheil kennend, stürzte er sich mit seinem Heere, wie ein Gebirgstrom, auf seinen Feind. Immer thätig, immer er selbst, er mag Schlachten liefern, unterhandeln, strafen, ist alles bey ihm das Werk eines Augenblicks. Nie ein Moment des Besinnens. Wo er einen gordischen Knoten trift, löst er ihn mit Alexanders Schwerdte. Auf seinen verschiedenen Bahnen zum Ruhm, sehe ich die Muthmaßungen meiner Jugend von ihm gerechtfertigt. In dem Buonaparte bey der Brücke von Lodi, bey Arcole, bey Rivoli, zu Tolentino, zu Klagenfurt, finde ich den Buonaparte von Brienne wieder. Ueberall derselbe Geist, dieselbe Energie, dieselbe Hartnäckigkeit, derselbe Ehrgeitz zu befehlen, derselbe Durst nach Ruhm. Was wir damals an ihm für zurückstoßende Fehler hielten, waren Keime der großen Eigenschaften, die nur auf Umstände zur Entwickelung warteten.

Daß er sich für die Revolution erklärte, war eine natürliche Folge seiner Meynungen, die er selbst zu einer Zeit nicht verleugnete, wo sie Hindernisse seines Glücks werden konnten. Auf den Bergen seiner Heimath scheint er die Liebe zur Freyheit eingeathmet zu haben. Diese erfüllte seine ganze Seele, und seine Erkenntlichkeit gegen Ludwig XVI., den er als bloßen Ausspender der Wohlthaten des Vaterlandes betrachtete, vermochte seinen hochstrebenden Geist nicht zurückzuhalten. Ueberdieß war der Thron dieses unglücklichen Fürsten von schreyenden Mißbräuchen umlagert; Hofgunst allein führte zum Glück, und das Genie mußte taglöhnen. Verkehrte Minister, unruhige, eifersüchtige Höflinge legten dem Verdienst unübersteigliche Hindernisse in den Weg. Welche Aussicht blieb einem Buonaparte oder jedem andern Edelmanne, der nicht reich genug war, um sich Freunde zu kaufen! Welche Belohnung durfte man für lange, mühevolle Dienste erwarten? Ein Ehrenzeichen im Knopfloch zu tragen, zweydeutig genug durch die Art, wie es meist erworben wurde. Welch ein Preis für eine edelstolze Seele! Kein Wunder, daß er sich nach einer Abänderung sehnte, die jeden Menschen nur so viel gelten ließ, als er werth ist.

Zwey Jahre auf dem Schlachtfelde zugebracht, haben ihm die Erfahrung von Jahrhunderten gegeben, *) und sein Vaterland begnügte sich weise, die Früchte seiner Siege zu sammeln, ohne seinem Genie Zwang aufzulegen.

4.
Am 10ten December.

Die Reichsdeputation hat ihre Sitzungen eröffnet. Eine zierliche Rede zum Anfange, wie gewöhnlich, und Zwist über Formalitäten, wie ebenfalls gewöhnlich — alles in geschnörkelter Kanzleysprache, wo man über Dinge von heut seine Meynung in der Sprache vom vorvorigen Jahrhundert sagt. Da spricht man nicht nach Ueberzeugung sondern nach Dafürhalten, nicht fest und entschlossen, sondern mit Bücklingen und Kratzfüßen — jedes Hauptwort muß wenigstens zwanzig Beywörter zur Begleitung haben — um des Wohlstandes willen.

Nie war Teutschland in einer ähnlichen Lage. Männer wie Hutten **) sollten jetzt in unsrer Mitte stehen, und mit

demo-

---

*) Man weiß, was er antwortete, als man ihm seine Jugend vorwarf. „In einem Jahr bin ich alt oder todt."

**) Ulrich von Hutten der geächtete, der in fremder Erde schläft, und dessen Schriften zu sammeln man im patriotischen Vaterlande nicht einmal die Druckkosten aufbringen konnte!

demoſteniſchen Feuer-Reden unſern ſchlafenden Gemeingeiſt wecken.

Es wird mir immer mehr klar, daß wir hier ſind, nicht um Frieden zu unterhandeln, ſondern zu unterzeichnen. Die Oeſterreicher ziehen ab und die Franzoſen rücken vor; die Contingente haben Befehl, Mainz, Wirzburg und Ingolſtadt zu räumen. Der Interims-Commandant der Reichsarmee ſpricht, ziemlich unbeſtimmt, von einem Waffenſtillſtande und fünfzehntägiger Aufkündigung deſſelben vor Anfange der Feindſeligkeiten. Iſt dieß alles ein abgeredetes Spiel?

Der churmainzlſche Geſandte hat ſich durch eine Proteſtation gegen alle Verantwortlichkeit verwahrt. Was konnte er auch mehr thun? Es giebt übrigens hier nur eine Verantwortlichkeit, die bey der Nachwelt; und zum Glücke, gilt vor ihrem Richterſtuhl keine Exceptio Fori und kein Jus de non Apellando.

5.

Am 18ten Dec.

Der Graf von Cobenzel iſt hier ohne öffentlichen Charakter, aber gewiß nicht als müßiger Zuſchauer, wenn er gleich jede Interceſſion von ſich lehnt. Ueber dem Frieden von Campo Formio hängt ein Schleier, den die Reichsdeputation mit banger Erwartung gelüpft zu ſehen wünſcht.

Der Anfang der Friedensunterhandlungen ſcheint noch ſo nahe nicht zu ſeyn. In der geſtrigen (vierten Seſſion) kam folgendes vor: „Der Direktorialgeſandte (Freyherr v. Albini) eröffnete — die Legitimation der kaiſerlichen Plenipotenz gegen die franzöſiſchen Miniſter ſey durch Auswechslung der vidimirten Copien am 13ten Abends bewerkſtelligt, und die Unterhandlung

handlung durch Zustellung von drey lateinischen Noten eröffnet worden. Um auch die Legitimation der Deputation zu Stande zu bringen, habe er, Direktorialis, alles versucht, der absichtlichen französischen Zögerung ein Ende zu machen. Gestern und heute vor der Sitzung habe er sie durch einen Secretär beschickt, sie hätten geantwortet, daß sie sich jetzt die Reichs-Instruction übersetzen liessen, und in Ueberlegung zögen, ob nicht dazu Bemerkungen zu machen wären. Sie würden nicht ermangeln, den Direktorialgesandten möglichst bald von dem Resultat zu unterrichten.

Noch wurde zur Dictatur gebracht:

1) Ein Schreiben von der Plenipotenz an den F. M. L. Staader, worinn über das Vorrücken der französischen Truppen Aufschluß verlangt und das Reichs-Commando erinnert wird, Sicherheits-Anstalten zu treffen.

2) Eine Schrift der kaiserl. Plenipotenz, worinn diese der Deputation und dem Direktorium Vorwürfe macht, daß sie sich, gegen das Herkommen von 1682, ohne ihr Vorwissen und Zuthun, constituirt und die Sitzungen eröffnet habe. Ferner betrachtete gedachte Plenipotenz die über die österreichische Note vom 7ten Dec. gemachte Berichtserstattung an den Reichstag und die churmainzische Einleitung zur Legitimation gegen die Franzosen ebenfalls als Eingriffe, die sich nur durch den Drang der Umstände entschuldigen liessen.

Noch zeigte der churmainzische Gesandte an — daß die Franzosen die Festung Mainz eingeschlossen hätten, und einige hessendarmstädtische Bataillone nur als kaiserliche Subsidien-Truppen in gedachte Festung eingelassen worden wären. Er habe deßfalls eine Note an die französischen Minister übergeben.

Ich

Ich lege dir, mein Freund, diese Note bey. Es wird dich freuen, die Sprache eines deutschen Mannes darinn zu finden, der aber leider, nur die Stimme, nicht aber auch das Schwerdt der Gerechtigkeit besitzt.

Die Sprache, worinn die Unterhandlungen geführt werden sollten, erregte zwischen dem kaiserlichen und den französischen Ministern einigen Widerspruch. Der Herr Graf von Metternich hatte seinen lateinischen Noten Uebersetzungen beygefügt — die Minister der Republik übergaben ihre Antworten bloß in französischer Sprache, und bemerkten dabey, daß sie es für überflüßig hielten, eine lateinische Dollmetschung beyzufügen, indem man von deutscher Seite ihre Sprache recht gut verstehe.

Die vierte Sitzung schloß sich mit allerley Regulirungen des Zeremoniels, der Visiten, Gegenvisiten, Empfänge, Begleitungen ꝛc., aber alles ohne Präjudiz!

6.

Am 30ten.

Hast du nicht eine Schrift gesehen an den Friedens-Congreß zu Rastatt, von einem Staatsmanne? Man nennt den Canonicus Riem als Verfasser. Staatsmann ist er nun wohl nicht. Zwar verräth diese Schrift gesunden Verstand, aber keine politischen Würdi. Die Abtretung des Breisgaus wird wohl schwerlich den ewigen Frieden für Deutschland herbeyführen.

Der unbedeutende Fleck zwischen der Kinzig, dem Rhein und dem Schwarzwalde, war schwerlich die Quelle so vieler Kriege zwischen Oesterreich und Frankreich. Auch sehe ich überhaupt nicht ein, wie die Rheingrenze zur Sicherheit des

des letztern und des deutschen Reichs selbst so nothwendig seyn soll, als Herr Riem uns glauben machen will. Entsagt Frankreich allen Eroberungskriegen, so bedarf es keiner militärischen Grenze zwischen beyden Staaten; Fränkreichs Grundsätze und die Verfassung des deutschen Reichs, durch welche dieses ganz ausser Stand gesetzt wird, je einen Eroberungskrieg zu unternehmen, sind alsdann ein festeres Bollwerk der Sicherheit, als zwanzig Flüsse, über welche ein Uebergang doch nie zu hindern ist, und alle Festungen von Landau bis Lille. —

Ueberhaupt hat sich Herr Riem nun einmal ein gewisses politisches System gemacht, und glaubt es mit Feuer und Schwerdt vertheidigen zu müssen. Seine Weltbürger-Philosophie, ist, troz ihrer philantropischen Maske, eben so gewaltthätig, als die Cosackenphilosophie der großen Katharina und die Jesuiten-Casuistik der Richelieus und Mazarins. Dieß haben aber unsre neuen kirchlichen und politischen Reformatoren mit den Kabinets- und Kirchenmännern aller Zeiten gemein, daß sie allem, was um sie lebt und webt, ihren Sinn und ihren Willen aufdringen, und Toleranz mit einer Intoleranz predigen, die lauter, als alles, von der Verkehrtheit ihrer Begriffe zeugt.

Doch — laß uns von diesem Büchlein an den Congreß, auf den Congreß selbst kommen.

Die Franzosen haben sich endlich ziemlich deutlich erklärt. Folgende Eröffnung machte der Direktorialgesandte in der Sizung am 17ten.

„Der Secretär General, Bürger Rosenstiel habe ihm eröffnet, daß die französischen Minister ihn zu sprechen wünschten. Er habe sich sofort zu ihnen begeben, und sie hätten ihm erklärt — Daß sie auf die Vollmachten der Reichsdeputirten

tirten und die seinige gar nicht traktiren könnten. Diese Vollmachten bezögen sich auf die Instruktion; nach dieser Instruktion seyen aber die Deputirten nicht ermächtigt, auch nur ein Dorf abzutreten. Die Instruktion spreche von der Basis der Reichs-Integrität, eine solche sey aber ganz unzuläßig. Die Deputation, wenn mit ihr über Frieden traktirt werden solle, müsse daher suchen, sich mit andern und illimitirten Vollmachten zu versehen, so wie die kaiserliche Plenipotenz und sie bevollmächtigt seyen. Direktorialis habe alles vorgestellt, was sich unter solchen Umständen sagen lasse, und auch gefragt — wenn die Basis der Integrität inadmißibel sey, so müsse man eine andre wissen, er wünsche daher zu vernehmen, auf was denn von ihnen angetragen werde? Die französischen Minister aber bloß auf ihrer Forderung bestanden, und hätten geäussert: Die Reichsdeputation müsse vor allen mit hinlänglicher Vollmacht versehen seyn, bevor solche eine Proposition von ihnen erwarten könne. Direktorialis habe hierauf wieder auf Haltung des Waffenstillstandes angetragen, und sich über das Vorrücken der französischen Truppen beschwert, worauf die französischen Minister geantwortet: Mainz würden sie besetzen, und bevor sie diese Festung hätten, könne von Beziehung der Winterquartiere keine Rede seyn. Alle ferneren Vorstellungen des Direktorialgesandten seyen fruchtlos gewesen."

Die Deputation faßte hierauf den Entschluß, der Reichs-Versammlung hiervon Bericht zu erstatten, und durch Verwendung der kaiserlichen Plenipotenz die französischen Minister zu vermögen, sich mit der Vollmacht zu begnügen, oder wenigstens eine Friedensbasis zu eröffnen.

Es wurde in eben dieser Sitzung der Antrag gemacht, die kaiserliche Plenipotenz um Mittheilung der Friedenspräliminarien

rien von Leoben zu bitten, worauf Oesterreich erwiederte, daß solche, in wie weit sie das Reich beträfen, bereits mitgetheilt wären. Die Artickel, welche der Kaiser als Souverän seiner Erbstaaten abgeschlossen, könnten um so weniger gefordert werden, als Sr. Majestät noch nicht beygefallen sey, die unbekannten Bedingungen der teutschen Separatfrieden zu verlangen.

Chursachsen vertheidigte nun die Natur solcher Particular-Verträge, die — wenn sie auch seltener in der deutschen Geschichte wären — als sie es wirklich sind, sich doch schon hinreichend aus dem gebieterischen Gesetze der Selbsterhaltung rechtfertigen liessen. Baaden, obgleich in demselben Falle, schwieg. Schweigen ist freylich meist die beste Politik des Schwächern, wenn er dem Stärkern gegenüber steht. —

Es wird heller, wie du siehst, mein Lieber. Nicht wahr, ich bin kein schlechter Prophet, ob ich gleich Meister Schirachs Mantel nicht gefunden habe.

7.

Am 30ten.

Hast du nicht im Redacteur ein Arrete des fränkischen Direktoriums gelesen, wodurch dieses eine Armee von Mainz schaft, und dem General Hatry den Auftrag ertheilt, diese Festung in Besitz zu nehmen, und den Frieden von Campo Formio in Vollziehung zu bringen? Du wirst daraus ersehen haben, daß die Franzosen wenigstens offenherzig sind. Man fängt an, den Frieden zu vollziehen, noch ehe er geschlossen ist.

Ich las dieser Tage die wirklich interessanten Memoiren des Marschalls von Villars und darinn die Unterhandlungen des ersten Rastatter Friedens. Eugen war auf dem Punkt, abzubrechen. Wovon wollen Sie den Krieg fortsetzen, sagte der Marschall, Sie sind ohne Geld? Das Reich hat noch Geld, erwiederte der Prinz. Arme Reichsstände, rief Villars! Man zwingt euch mitzutanzen und obendrein den Spiellohn zu bezahlen!

Du lächelst, Freund? Ich kann es nicht. So war es, und so wird es seyn, wenn nicht unsre Verfassung reformirt wird. Vielleicht, meinst du, ist diese Reform schon zu Campo Formio verabredet? Das eben will mir nicht zu Kopfe. Erstlich taugt keine Verfassung, die eine Nation, welche der Vormundschaft der Natur entwachsen ist, nicht sich selbst gegeben hat; zweytens — zweifle ich obendrein, daß Frankreich das Erwachen und Erstarken Teutschlands auch nur wünsche. Bereits vor zwey Jahren erschien zu Paris über diesen Punkt eine Flugschrift, die auch ins deutsche übersetzt, aber damals nur wenig beherzigt wurde, weil der Zeitpunkt ihrer Beherzigung erst jetzt gekommen ist. Ich theile dir hier das Wesentliche daraus mit.

„Das teutsche Reich, wovon das Haus Oesterreich gleichsam den Kern ausmachte, besteht nicht mehr. Das alte Band, das so verschiedenartige Theile mit einander verknüpfte, ist aufgelöst, und durch eine Reihe von Privatfriedensschlüssen reißt Frankreich es vollends auseinander. Oesterreich, das jetzt sich selbst überlassen dasteht, und von einer Scheidewand neutraler Staaten rund umgeben ist, wird noch eine Zeitlang fortkriegen können, aber es wird mit Frankreich in der Folge nichts mehr zu schaffen haben. Es konnte nicht leicht etwas Besseres geschehen; allein, hat man sich wohl damit beschäftigt dieser Scheidewand den Grad von Festigkeit zu geben, dessen sie

fähig

fähig ist? Ich zweifle daran, da das Werk noch in seinem Entstehen ist."

"Wenn man von Teutschland — Oesterreich, Preußen und alles dasjenige trennt, was Frankreich durch die Rheingrenze davon losreißt, so bleiben noch 12 Millionen Menschen nach, die in verschiedenen Staaten vertheilt sind. Diese ganze Bevölkerung, die sowohl durch ihre Masse, als durch ihre Einsichten, ihre Geduld und die Festigkeit ihres sittlichen Charakters höchst ehrwürdig ist, hat während des ganzen Krieges eine wirkliche Neutralität beobachtet. Was sie an Contingenten gestellt, ist so unbedeutend, so sehr unter allem Verhältnisse mit ihren Kräften, daß es gar nicht in Rechnung zu bringen ist. Am linken Rhein-Ufer haben nur die drey geistlichen Churfürsten, und am rechten hat der einzige Landgraf von Hessen-Cassel sich eifrig bewiesen, den Krieg anzufachen und zu unterhalten. Die kleinen Mächte im innern von Teutschland haben immer nur wider ihren Willen daran Theil genommen, und jetzt, da ihre Besorgnisse in Erfüllung gehen, sehen sie gar wohl ein, daß sie den Beschützer ihrer Unabhängigkeit vergebens in Teutschland suchen würden. Es würde keiner, der sich diese Rolle anmaßen wollte, Zutrauen einflößen. Aber in euch, Franzosen, würde man Zutrauen setzen, weil die Republik sich wirkliche Grenzen geben will, die sie aus Weisheit nicht überschreiten wird. Die Gewässer des Rheins mit Einschluß derjenigen Plätze, die zur Beschützung derselben nothwendig sind, werden die Grenzen Frankreichs ausmachen. Mit dem übrigen Teutschland hat es alsdann nichts weiter gemein, als daß es ihm bloß noch aus dem einzigen Gesichtspunkte einer Grenzscheide wichtig ist."

„Es

„Es kommt also jetzt darauf an, zu wissen, ob es d[em] Interesse der französischen Republik gemäß sey, daß mit de[m] Theile von Teutschland, der an der rechten Seite des Rhei[ns] liegt, eine Revolution in entgegengesetzter Richtung vorgenom[-] men, und daß die Unabhängigkeit der kleinern Staaten ve[r-] nichtet werde, damit aus den Trümern des Reichs sich ei[ne] große militärische Macht erhebe, und ob das Daseyn ein[er] solchen Macht, mitten in Teutschland, sich mit der Sicherhe[it] der neuen Grenzen Frankreichs vertrage?"

„Diese Macht möchte sich noch so sehr für unsre natürlich[e] Bundesgenoßin ausgeben, so würde sie doch aufhören, es z[u] seyn, sobald sie sich im Stande fühlte, mit gleichen Kräften gegen uns zu kämpfen. Frankreich will einen dauerhaften Frie[-] den, also den ruhigen Besitz seiner neuerlangten Länder. Der[-] jenige, der Meister von Teutschland geworden, wird seine Ansprüche darauf geltend machen, oder es doch zum mindesten versuchen, und dann würde es von keiner geringen Hülfe seyn, über zwölf Millionen Menschen, die man ihm unterworfen, und die bis dahin unthätige Zuschauer des Kampfes geblieben, gebieten zu können; er würde dann nicht mehr für fremde, sondern für eigne Rechnung Krieg führen. Man weiß es freylich wohl, daß ihr, Franzosen, den Krieg nicht fürchtet; er ist ja das Spiel eurer Kinder geworden, und was muß er dann nicht erst werden, wenn fünfzig Generäle, die sich berühmt gemacht, in eurem Senate sitzen werden? Aber, wär auch Frankreich, wie in unsern Tagen, allenthalben siegreich, so blieb der Krieg darum nicht minder eine verderbliche Plage. Es würden sich Blutströme in den Rhein ergießen. Man muß das Ungeheuer in seiner Wiege ersticken, damit es, wo möglich, niemals wieder empor komme."

„Die

„Die in Völkerschaften getrennten Teutschen sehen es mit ziemlicher Gleichgültigkeit an, daß man so ansehnliche Stücke von ihrem Reiche losreißt. Machten sie aber erst eine Nation aus, so würde mit dem Andenken dessen, was sie in frühen Zeiten besessen, auch der Ehrgeitz erwachen, das Verlorene wieder zu erlangen. Die Macht, welche sich die Oberherrschaft über sie angemaßt hätte, würde, um dem Unwillen, den ihre Ungerechtigkeiten einflößen müßten, einen andern Gegenstand zu geben, den Nationalstolz wieder Frankreich richten, und möchte vielleicht Gehör finden, wenn sie den Teutschen vorstellte, daß ihre Vereinigung unter einem Oberhaupte, das einzige Mittel sey, sich dereinst wegen der Demüthigungen zu rächen, die ein so zahlreiches und kriegerisches Volk durch die Zerstückelung seiner ungeheuern Kräfte hatte erfahren müssen. Es ist demnach äusserst wichtig, daß der Grund zu einer solchen Macht nicht gelegt werde. Man sage nicht, daß die davon zu befürchtende Gefahr noch entfernt sey. Die Hinfälligkeit des Alters beschleunigt den Fall der Staaten nicht so sehr, als die Jugend die schnelle Erweiterung deren befördert, die erst aufkommen."

„Ihr habt das föderative System verfolgt, ohne daß man noch bis jetzt wüßte, ob es jemals in Frankreich wirklich Föderalisten gegeben. Ihr hättet besser gethan, euch mit der Sache selbst bekannt zu machen. Diese Art des politischen Mechanismus paßte nicht zu einer Lage, wo die Regierung genöthigt war, alle Kräfte der Gesellschaft in Thätigkeit zu setzen; aber bloß als Barriere-System betrachtet, giebt es doch kein besseres; es verschaft dem Damme genau den Grad von unbeweglicher Kraft, der erforderlich ist, damit er dem Ungestümm der Wellen wiederstehe."

Seht

„Seht die Schweiz! Sie ist bey allen Stürmen unerschütterlich geblieben.*) Man schreibe doch ja der Weisheit ihrer Regenten nicht zu, was sie allein der bloßen Widerstandskraft ihres Bundes-Systems zu verdanken hat. Dieses ist einzig Schuld daran, daß nicht auch ihre Grenzen der Schauplatz des Krieges geworden sind. Wollt ihr nun längst dem Rheine eine gleich starke Schutzwehr haben, wie jene am Jura-Gebirge ist, so müßt ihr nicht zugeben, daß die kleinen Mächte Teutschlands dem Joche eines Herrn unterworfen werden. Dazu ist es aber nicht hinreichend, daß ihr sie in ihrer Vereinzelung erhaltet, sondern es muß ein neuer **Germanischer Bund** unter dem Schutze Frankreichs gestiftet werden."

„Weil dieser Bund seine Stütze in Frankreich hätte, so würde er sich von dem deutschen Beschützer losmachen, und weil die Teutschen gegenwärtig der kaiserlichen Würde überdrüßig sind, so könnte auch der Titel Churfürst, da, wo es nichts mehr zu wählen gäbe, leicht abgeschaft werden. Teutschland müßte in neun, zehn oder zwölf Bezirke eingetheilt werden, die man **Großherzogthümer** benennen könnte. In jedem dieser Bezirke gäbe es einen Großherzog, in der Person des Churfürsten von Sachsen, des Herzogs von Würtemberg, des Churfürsten von der Pfalz, u. a. m. Aber weil der deutsche Staatskörper noch immer sehr furchtbar seyn könnte, wenn jemals die verschiedenen Theile desselben vollkommen einverstanden wären, so müßte man einen Keim von Uneinigkeit darinn bestehen lassen. Darum müßten auch alle ehmaligen Bestandtheile desselben, sowohl freye Reichsstädte als Fürsten, ihre Stelle

darinn

---

*) Und würde es noch seyn, wenn die Verfassungen der einzelnen Cantone nicht zu heterogen unter sich und mit dem Geiste des Zeitalters gewesen wären.

darinn als so viele constituirende und in der Repräsentation der Staaten zu gleichen Rechten befugte Theile einnehmen. Es ist um so wichtiger, nicht nur die freyen Städte zu erhalten, sondern ihnen auch eine größere Wirksamkeit zu geben, da durch den Abgang der geistlichen Fürsten die weltlichen schon ein zu merkliches Uebergewicht bekommen, und es entehrend für Frankreich seyn würde, auch noch den letzten Keim von Freyheit in Teutschland vernichtet zu haben. Die den Bischöfen gehörigen Ländereyen müßten spätestens nach dem Tode der gegenwärtigen Besitzer aus der Liste der Staaten ausgestrichen werden."

„Diese Länder könnten dazu dienen, denjenigen Familien Schadloshaltungen zu verschaffen, welche bey den gegenwärtigen gewaltsamen Erschütterungen gelitten haben, als den beyden pfälzischen Häusern von Bayern und Zweybrücken, der Oranischen Familie u. s. w."

„Man gebe Preußen so viel man wolle, nur sorge man dafür, daß zwischen Frankreich und ihm, zwischen ihm und der batavischen Republik noch eine andre Macht bestehe, so wie in Zukunft auch zwischen Frankreich und Oesterreich noch eine bestehen wird."

„Es wär weder weise noch schicklich, zuzugeben, daß Preußen sich in Franken, diesem kornreichen Lande, dem wahren Mittelpunkte Teutschlands, ausbreitete. Hier wäre Sachsen, das sich nie einer Usurpation schuldig gemacht hat, weit besser an seiner Stelle. Es könnte sich das Bißthum Bamberg und noch einige andre Stücke zueignen. Preußen müßte allen seinen Besitzungen in Franken entsagen, und erhielte dagegen die Lausnitz."

C „Auch

„Was diese Macht in Westphalen besitzt, würde mit den Bißthümern Osnabrück und Paderborn, und einem Theile des Churfürstenthums Hanover, ein schönes Etablissement für die älteste Linie des Hauses Braunschweig abgeben."

„Auch die Herzoge von Meklenburg und die verschiedenen Zweige des Hauses Anhalt könnte man reichlich versorgen, so daß Preußen, disseits der Weser, seiner natürlichen Grenze in Westen, sich vollkommen arrondirte.

„Die Stadt Emden müßte ein Freyhafen werden, und die Weser von ihrem Ausflusse bis zu ihrem Zusammenflusse mit der Werre nebst einer Linie, die von diesem Punkte ausgienge, sich nicht über Hohenstein, Mansfeld, Halle und Torgau hinaus erstreckte, und endlich die Lausnitz mit einschlösse, würde die Grenze ausmachen, die Preußen von Seiten Deutschlands nie überschreiten müßte. Das Darmstädtische Haus, das durch so manche Bande mit Preußen verknüpft ist, nähme die Strecke zwischen der Lahn und dem Mayn ein; der Landgraf von Hessen-Cassel bekäme Waldeck, das Eichsfeldische mit allem, was zum Fuldaischen gehört. Aber damit hätte er auch genug, und müßte auf immer der Versuchung entsagen, sich von den Höhen des Taunus herab in die reichen Ebenen von Mainz und Frankfurt auszudehnen. Es blieben auf diese Weise noch viele Länder nach, die man vertheilen könnte, aber es wäre zu weitläufig, sich in ein näheres Detail einzulassen. Nur mit der Charte in der Hand könnte man die neue Eintheilung Teutschlands begreiflich machen. Die verschiedenen Bergketten und Flüsse müßten bey dieser Arbeit zur Leitung dienen." —

Dieser Aufsatz scheint so ziemlich in die Gesinnungen der gegenwärtigen Machthaber in Frankreich einzugehen. Sie berechnen ihre Sicherheit nach unsrer Schwäche, und überhaupt

beruht

beruht ihre ganze, nichts weniger als neue Politik, die eigentlich bloß ihren altväterischen diplomatischen Anzug gegen einen mehr modischen vertauscht hat, auf der Maxime: Es ist nicht gut, besser zu seyn als andre. Wahrscheinlich ist man auch noch nicht ganz von dem Gedanken abgekommen, die große Republik mit einem Gurt kleiner Freystaaten zu umschließen, und sich dadurch ein neues Bollwerk gegen die ersten Anfälle von aussen zu gründen. —

Unter den fremden Abgeordneten, die sich gegenwärtig in Rastatt befinden, sind auch welche aus Chur. Ihre Sendung erhält einiges Licht durch die Erklärung des französischen Geschäftsträgers Mengaud in der Schweiz, der sich ziemlich naiv äusserte — Wenn die Oesterreicher Graubünden besetzten, so würde Frankreich das Waatland nehmen. Versteht sich, alles nur des lieben Gleichgewichts wegen!

Um dich, mein Freund, für die Langeweile dieses fürchterlichen Briefs doch in etwas zu entschädigen, will ich dich zum Beschlusse in eine Sitzung der h. a. Reichsdeputation führen. Stelle dir vor, es wäre der 19te December, Morgens 11 Uhr, und nun treten wir — unsichtbar, versteht sich, da es ein geschlossener Cirkel ist, und das procul este profani! deutlich genug in der Miene der Schildwache steht — mitten in den Kreis und hören zum Anfange: eine neue Eröffnung des Direktorialgesandten über das weitere Vorrücken der Franzosen auf beyden Rhein-Ufern.

Bremen recapitulirt hierauf alle seit 1795 ergangenen reichsväterlichen Ermahnungen, wodurch die Stände zur Einigkeit aufgefordert werden, damit auf der Basis der Reichs-Integrität ein ehrenvoller Reichsfriede zu Stande kommen könne. Mit diesen tröstlichen Versicherungen und Aufforderungen, fährt der Redner bedenklich fort, stünden die neuern Thatsachen im auffallenden Widerspruche. Täglich drängen die Franzosen weiter vor, und täglich sagten sie lauter, daß dieß alles in Gemäßheit des Friedens von Campo Formio und einer zu Rastatt am 1. December (11. Frimaire) abgeschlossenen Convention geschehe. Das neueste Arrete des Vollziehungsraths vom 19. Frimaire theile, zur Vollziehung des Friedens von Campo Formio, die sogenannte Armee von Teutschland in zwo Abtheilungen, deren die eine die Rhein- und die andre die Mainzer-Armee heissen, und letztere die Besetzung von Mainz zur hauptsächlichsten Bestimmung haben solle. — Resultate, die den bekannt gewordenen Gesinnungen des Reichsoberhaupts so sehr widersprechen, müsten gerechte Besorgnisse erregen, und sein Gutachten gehe dahin, der Plenipotenz die bekannten Vorgänge anzuzeigen, und sie zu ersuchen, der Deputation diejenigen Artickel des Friedens von Campo Formio, welche auf das Reich Bezug hätten, vorzulegen, wie auch von dem Herrn Grafen Cobenzel über die hier geschlossene Uebereinkunft Auskunft zu erbitten.

Oesterreich fällt ein: Es würde in der Natur der Sache seyn, diesen Gesandten zu beschicken, wenn die Leobner Präliminarien nicht beobachtet würden. Der Friede von Campo Formio aber sey von Oesterreich als einer souveränen Macht mit Frankreich geschlossen worden, wie solches aus seinem jetzt zu Wien durch den Druck bekannt gewordenen Innhalt zu ersehen sey. Wenn eine nachherige Verabredung existire, so betreffe sie nur die Dislocation der Truppen.*)

Bremen

---

*) Zufolge dieser Verabredung wird ein Theil der französischen Truppen nach Mainz, Ehrenbreitstein ꝛc. dislocirt.

Bremen erwiederte: Da die Dislocation im teutschen Reiche geschehe, so wünsche es eben darum die dießfallsige Convention zur Einsicht zu erhalten.

Oesterreich: Ueber den Frieden von Campo Formio, wie er gedruckt und allgemein bekannt sey, könne Auskunft gegeben werden.

Baden: Der kaiserliche Gesandte am schwäbischen Kreise, Graf Fugger, habe bereits einzelnen Ständen officiell die tröstliche Nachricht ertheilt, daß der kaiserliche Hof Aufklärung über diesen Frieden geben wolle, eine h. a. Plenipotenz würde also ebenfalls dazu bereit seyn.

Oesterreich: Es scheine ihm nicht glaublich, daß Se. kaiserliche Majestät sich erboten hätte, über das, was Sie als souveräne Macht gethan, Aufklärung zu ertheilen.

Baden: Der Graf Fugger habe diese Hoffnung auf allerhöchsten Auftrag schriftlich ertheilt.

Oesterreich: Bezweifle die Wahrheit der Aeusserung der badenschen Gesandtschaft nicht, wiederhole aber das oben Gesagte!

Bayern bey der nochmaligen Umfrage: Der Kaiser solle das Vertrauen, welches die Reichsstände bis jetzt in ihn gesetzt hätten, erwiedern, und den Innhalt der Präliminarien von Leoben vorlegen.

Oesterreich nimmt wieder das Wort: Im Commissions-Dekret vom 18. Juny sey alles, was das Reich betreffe, enthalten; für dasjenige, was kaiserliche Majestät damals für das Reich stipulirt hätten, sollte jeder Reichs-Einwohner dankbar seyn, und diese Vorsorge nicht mit Mißtrauen lohnen, wie es beynahe nach der bayerschen Aeusserung zu vermuthen stehe, u. s. w.

Bayern:

Bayern: Man spreche von Vertrauen auf kaiserliche Majestät, nicht von Mißtrauen.

Beschluß: Daß der kaiserlichen Plenipotenz die neuen Vorfälle bekannt zu machen und ihre Verwendung zu reclamiren, dieselbe aber zugleich zu ersuchen sey, die Artickel des Friedens von Campo Formio und sonstiger Verabredungen zu communiciren, die einen unmittelbaren Bezug auf das Reich hätten.

Oesterreich erinnert noch, daß es, nach der teutschen Verfassung den Beschluß zwar verehre, aber doch nicht unbemerkt lassen könne, daß er nicht einstimmig abgefaßt worden sey.

Du siehst, mein Lieber, wer in diesem Schauspiele die ennüyanteste Rolle hat.

Inzwischen fahren die Franzosen in ihrer Diplomatik fort, die das Schwerdt und die Feder zugleich braucht. Neulich nahmen sie dem pfälzischen Contingent 3000 Schuß Brod weg, schrieben in den occupirten teutschen Provinzen neue Contributionen und Requisitionen aus, und fertigen alle Vorstellungen durch die Erklärung ab — Mit dem Kaiser hätten sie Frieden gemacht, allein, mit dem Reiche stünden sie in keinen Freundschafts-Verhältnissen.

Nicht minder auffallend ist eine andre Erklärung des Bürger Bachers, Geschäftsträgers der Republik bey der Eidgenossenschaft — „Daß der Fürstbischoff von Basel wegen Reunion „seines Landes mit Frankreich als ein Ci-Devant betrachtet „werden müßte, und daß die französische Republik in alle seine „Rechte eintrete."

In der That ist dieser Grundsatz eben so viel umfassend als neu, und Würzburg hatte nicht unrecht, in einer der

letzten

letzten Sitzungen die Deputation darauf aufmerksam zu machen.

8.

Am 1. Jenner 1798.

Mainz ist also nun zum zweitenmal in den Händen der Franzosen und wird zum zweytenmal republikanisirt werden. Die Mainzer mögen es wohl schwerlich zufrieden seyn. Die republikanische Form verträgt sich nicht mit ihrem Charakter; vielleicht können sie mit der Zeit Athenienser werden, aber nie Lacedämonier oder Römer.

Du erhältst hier einen Aufruf vom Bürger Hofmann, ehmaligen Professor zu Mainz an seine Mitbürger, der freylich nichts enthält, was man nicht schon vielfältig gehört und gelesen hätte.

Ich gestehe dir übrigens, daß unter den Mainzer Ausgewanderten, Hofmann mir immer einer der schätzbarsten war. Er handelte da nach Grundsätzen, wo so manche andre bloß oder doch hauptsächlich von Nebenabsichten geleitet wurden, und ihr kleines Selbst unter großen Namen zu verstecken suchten. Revolutionen sind, wie irgend ein Schriftsteller sagt, der wahre Prüfstein der Menschen. Das Starke und Schwache, Aechte und Unächte, erprobt sich nirgend so sehr, als hier. Doch, ich gerathe auf einen fremden Gegenstand, und du mein Freund! willst vom Friedens-Congreße hören. Also eingelenkt!

In der am 30. Dec. abgehaltenen zehnten Sitzung eröffnete der Direktorialgesandte: Es sey ihm vorgestern in Betreff der Vollmachten ein neuer Beschluß des Reichstags, vom 24. Dec.

Dec. zugekommen, er habe sich hierauf sogleich zu dem Minister Traillard begeben, und sich mit ihm über diese Materie unterhalten. Dieser sey aber ein für allemal auf illimitirten Vollmachten zum negoziren und abschliessen bestanden, und habe ihre baldige Beyschaffung ernstlich und mit dem Zusatze begehrt, daß man sonst französischer Seits die Unterhandlungen für abgebrochen ansehen müßte. Direktorialis habe ihm die Rücksicht vorgestellt, die der Mangel der physischen Zeit verdiene; dieser Grund habe aber nur wenig Eingang gefunden. Der französische Minister hätte behauptet, vier Wochen wären Zeit genug! Direktorialis habe bereits dem Wunsche der Reichs-Versammlung entsprochen, und Abschriften der Vollmachten der Plenipotenz und der französischen Gesandtschaft nach Regensburg geschickt, und dabey vorläufig bemerkt, daß die Reichs-Versammlung ihre Entschliessung beschleunigen müßte.

Gestern habe er auch mit der kaiserlichen Plenipotenz über den Beschluß der drey Reichskollegien gesprochen; diese habe ihre Intervention bey den Franzosen neuerdings versprochen, und ihnen auch schon wiederholt vorgestellt, daß die Vollmachten von 1682 und 1697, eben so, wie die gegenwärtigen, aufgesetzt gewesen wären; alle Mühe wäre aber vergeblich, die Franzosen verlangten Vollmachten, auf welche die Deputation jedesmal ohne Zeitverlust antworten, traktiren und salva Ratificatione abschliessen könne. Sie würden in den Unterhandlungen nur kurze Termine geben, und nicht gestatten, daß man Entschliessungen einhole. Vor Ankunft der neuen Vollmachten würden die Franzosen keine Proposition machen, und auch eben so wenig sich äussern, wie viel Zeit sie jedesmal zur Antwort lassen würden. Direktorialis sey durch diese Aeusserung der Plenipotenz und den fruchtlosen Ausgang seiner

eigenen

eigenen Bemühungen überzeugt, daß alle Vorstellungen bey den französischen Ministern überflüßig wären. Wenn der Reichstag die Vollmachten abändern wolle, so sey nicht möglich, frühe genug diese abgeänderten Vollmachten zu erhalten. Es wäre jedoch hinlänglich, wenn seine, des Direktorialgesandten, Specialvollmacht, als die allein den Franzosen vorgezeigt werde, diejenige Abänderung erhalte, die in Absicht der Generalvollmacht beschlossen werden würde. —

Man sieht hier einen Sieger, der zu seinen Ueberwundenen spricht, und dieser Ton empört um so mehr, da jedes dritte Wort der Franzosen — Mäßigung, Gerechtigkeit oder Großmuth heißt. Ach, wie prieß ich sonst das Glück, Bürger eines kleinen Staates zu seyn, wo das Gute dem Schlimmen wenigstens immer das Gleichgewicht hält, und die Intrike ihr Nez nicht lange spannen kann, ohne von allen Seiten bemerkt zu werden. Aber wie schnell verschwindet dieses Glück, wenn es zum auf Vertheidigung gegen einen übermächtigen Feind ankommt! Unsre teutsche Verfassung ist nur auf ruhige Zeiten berechnet, allein, sie bindet dem Adler die Fittiche, unterdrückt den Gemeingeist und hindert uns eben dadurch, ein Volk zu werden. In allen Weltgegenden kämpften Teutsche für fremden Sold und fremden Wahn, nur in ihrem Vaterlande scheinen sie ihre Stärke zu verlieren. Das Verhängniß ist gerecht, mein Freund! Wir ließen uns lange genug brauchen, fremden Völkern Fesseln zu bereiten, nun müssen wir sie uns selbst anlegen lassen.

Besser wird es auch nicht mit uns und mit andern Nationen nicht werden, so lang es überhaupt große Staaten geben wird. Die Regierungsformen ändern sich, aber die Regenten

F bleiben

bleiben Menschen, sie mögen nun Monarchen, Pentarchen oder Oligarchen seyn. —

Ich erinnere mich bey dieser Gelegenheit eines schönen Dialogs von Fontenelle zwischen Romulus und Wilhelm Penn. Der Stifter Roms spricht so ziemlich im Hobbesischen Systeme, und behauptet, daß es kein Mittel gebe, den Krieg von der Erde zu verbannen. Ach, erwiedert Penn, wenn alle Menschen Quäker werden wollten!

Dieß ist auch Kants Arcanum zum ewigen Frieden. Wenn alle Menschen gut und weise werden wollten! — Von Frankreich her dürfen wir ihn darum so bald noch nicht erwarten. Man sieht es diesen Menschen zu sehr an, daß sie in Sünden empfangen und geboren sind. Wie könnt es auch anders seyn? In eben dem Maße, in welchem sich eine Regierung verschlimmert, müssen es auch die Menschen. Eine Revolution giebt zwar Stärke aber keine Tugenden, wo nicht schon vorher welche waren, und das schwere Problem aller Regierungen, Macht mit Weisheit und Gehorsam mit Edelmuth zu verbinden, dürfte schwerlich von unsern Nachbarn in der ersten Generation schon gelöst werden.

9.

Am 6ten Jenner.

Mein letzter Brief war ziemlich ernsthaft — für heute will ich dir einigen Stoff zur Unterhaltung geben, und dir in dieser Absicht einige Anekdoten mittheilen. Am Neujahrstage war das ganze diplomatische Korps in großer Galla. Treilhard sah Abends im Schauspielhaus einige dieser Herren mit reichgalonirten Rocknähten, und äusserte gegen seine Nachbarn:

Man

Man habe die französische Gleichheit so sehr in Teutschland verschrieen, und nun sehe er, daß die Teutschen ihre Bedienten neben sich in den Logen duldeten. Wirklich waren die Livreen an diesem Tage von den Gallakleidern schwer zu unterscheiden.

Der pfälzische Deputirte, Exjesuit Reichert, hat seine diplomatische Mission schnell geendigt. Er wurde bey den Franzosen als Verfasser beleidigender Flugschriften gegen die Republik angegeben, und da die Bürger über diesen Punkt eben so wenig Spaß verstehen, als die Herren, so mußte er sich entfernen. Wer die lopolitische Denkungsart dieses Mannes kennt, gönnt ihm diese kleine Züchtigung.

Du willst auch etwas von den Menschen wissen, die hier handeln oder wenigstens sprechen und schreiben? Es ist nichts leichtes, Porträte bis zum Sprechenden zu zeichnen. Wenn du dich mit Schattenrissen begnügen willst, so will ich es versuchen, deine Neugierde in etwas zu befriedigen.

Franz Georg Karl Reichsgraf von Metternich-Winneburg und Beilstein, geb. 1746. Ich gestehe dir, daß ich für diesen Mann eingenommen bin, seitdem ich weiß, daß der leidige Krieg mit Frankreich und eben dadurch namenloses Elend verhütet worden wäre, wenn man seine weisen Rathschläge befolgt hätte. Er ist übrigens ein Mann von freyem Blick, erfahren in Geschäften, besonders in dem großen Geschäft, Menschen zu behandeln, leutselig und doch dabey umgeben von der Würde seines Amtes.

Hier in Rastatt steht er auf einem Posten, der seinem geraden, festen Sinne unmöglich zusagen kann. Daß die Convention am 1ten December zwischen dem Grafen von Cobenzel und der französischen Gesandtschaft ohne sein Mitwirken und Mitwissen geschlossen worden sey, ist allgemeiner Glaube; daß er aber auch manchmal an diplomatischen und ministerielle Spitzfündigkeiten sich stoße, mag ebenfalls wahr seyn. S[ie] gehörten zur Schule, in welcher er gebildet ward.

Johann Baptist Treilhard (nicht Traillard) — geboren i[n] den vierziger Jahren, und vor der Revolution General-Inspek[‐]tor der Cron-Domänen. Tod mit Aufschub der Vollzie[‐]hung war sein Ausspruch in dem Gerichte über Ludwig XVI. Dumouriez nennt ihn ungewandt und pedantisch, hart und aufgeblasen, ein andrer Schriftsteller des Tags sagt, daß man ihn jetzt einfach, höflich und verbindlich finde. Mich dünkt, beydes widerspreche sich nicht. Die Revolution hat den meisten Charakteren etwas unstätes gegeben. Es war eine Zeit, wo die alte französische Höflichkeit in Frankreich für ein Verbrechen galt, wo man keine Vaterlandsliebe haben konnte, ohne unge[‐]kämmt, schmutzig und grob zu seyn.

Uebrigens scheint Treilhard, wie sein Gefährte Bonnier, die Simplicität zu lieben. — Beyde zeigen keinen Prunk in ihrer Kleidung, in ihrer Lebensart und in ihrer diplomatischen Sprache. Dafür aber ist die letztere desto peremptorischer.

Bonnier d'Arco — Vor der Revolution bey der Steuer[‐]kammer zu Montpellier, in der Folge Mitglied des National[‐]Convents. Seine Abstimmung über den letzten König war — Tod! Noch itzt hat er etwas von den rauhen Manieren der Bergmänner an sich, ein Mann von wenig Worten, düster und fast menschenscheu. Um aber gerecht zu seyn, muß man nicht vergessen, daß der Mann ein Gelehrter ist, und Leute dieser Art sind nicht selten unbehülflich und gebehrden sich im öffentlichen Leben, wie der Elephant auf dem Seile. Herr Posselt macht die Bemerkung, daß das Direktorium ihn darum zu dieser Sendung gewählt haben möge, weil gewisse Ford[‐]

rungen

rungen aus dem Munde eines solchen Mannes weniger befremden. Da aber die Unterhandlungen zwischen den Ministern der Republik und der Reichsdeputation nur mittelbar durch die kaiserliche Plenipotenz geführt werden, so fällt diese Rücksicht hier weg. Neulich hat Bonnier einen Gang, der an seinem Zimmer (im Schlosse) vorbey in eine Kirche führte, verrammeln lassen, nicht der Kirche wegen, wie fromme Christen glaubten, sondern um desto ungestörter unter seinen Büchern zu seyn, die seine ganze Welt ausmachen.

Daß er und Treilhard mit Lord Malmesbury in Lille unterhandelt haben, ist bekannt.

Unter den Franzosen bemerke ich dir noch Buonaparte's Secretär — Perret, einen gebildeten, kenntnißvollen jungen Mann, der in Jena studirte und teutsches Wissen mit französischer Höflichkeit paart.

Der Reichsdirektorialgesandte ist Freyherr von Albini, Churmainzischer Staatsminister. Er hat wenig Aeußeres, wie die meisten Geschäftsmänner, die ihr Leben zwischen Aktenstößen hinbrachten, auch scheint er die Irrgänge der Politik nicht genug zu kennen, oder — zu verschmähen. Strenge Gerechtigkeit ist ein Hauptzug in seinem Charakter, und da muß ihm denn sein gegenwärtiges Verhältniß doppelt schmerzlich fallen. Die Nachwelt wird ihm einst das Zeugniß geben, daß er, wo andre schwiegen oder die Achseln zuckten, als teutscher Mann mit Feuer und Nachdruck sprach.

Für Chursachsen arbeitet Justizrath Günther, für Bremen Herr von Schwarzkopf. Die übrigen stimmen meist nach diesen beyden. Der letztere, den du aus seinem interessanten Werkchen über Zeitungen kennst, ist ein geschickter, thätiger, sehr gefälliger Mann. Bremen hat in der

Deputation

Deputation weiß das Uebergewicht, besonders schliessen sich die geistlichen Glieder an dasselbe an. In den Abstimmungen desselben ist übrigens nicht zu verkennen, wie wenig England mit dem Frieden von Campo Formio zufrieden sey.

Baden und Darmstadt verhalten sich ziemlich leidend. Jenes ist mit der Republik bereits im Reinen, und dieses unterhandelt gegenwärtig in Paris. Die Franzosen brauchen Geld, und da kommt man freylich weiter mit Wechselbriefen als mit alten Pergamenten.

Der Herzoglich Bayersche Deputirte, Graf **Preysing**, ist als ein warmer Freund seines Vaterlandes bekannt, und sonach stimmt seine Denkungsart wenig zu seinen Verhältnissen.

Augsburg und **Frankfurt** schliessen sich der Majorität an.

Unter den übrigen gesandtschaftlichen Personen sind manche bekannte und geschätzte Namen. **Dohm**, der die Sache des durch Jahrhunderte mißhandelten jüdischen Volkes vor den Richterstuhl der Menschlichkeit brachte, und sich sonst auch als Mann von hellem Blick und umfassendem Geiste zeigte; **Eggers**, ein Mann von schönen Hoffnungen, nur ein wenig steif im Umgange; Baron von **Hertwich**, Verfasser einer geheimen politischen Correspondenz; **Martens**, einer von Göttingens vorzüglichsten Lehrern; **Häberlin**, der bey einem Reichthume von Kenntnissen nach dem schönen Ruhme geizt, Vertheidiger der Unschuld und der teutschen Freyheit zu seyn. Noch andre haben sich zwar nicht auf der schriftstellerischen Laufbahn gezeigt, verdienen aber nicht minder die Achtung, die der Zoll des Verdienstes ist; als der regierende Graf von **Solms Laubach**, der für das Wetterauische und Westphälische Grafen-Collegium (protestantischen Theils) beauftragt ist. Du kennst seine Mutter, die edle teutsche Fürstentochter aus dem

Hause

Hause Isenburg, eine von den seltenen Großen, deren Ansprüche keine Revolution zernichten kann, weil sie nicht auf Pergamente, sondern auf das einzige Unvergängliche im Menschen, auf Seelen-Adel gegründet sind. Auch Herrn von Zwakh darf ich hier nicht vergessen, ihn, den ein Land ausstieß, wo nur das Verdienst geachtet wird.

Unter den meist jungen Leuten, die sich als Legations-Räthe, Secretärs ꝛc., hier befinden, herrscht fast durchaus eine liberale Denkungsart, und ich habe mehrere darunter kennen lernen, die gleich weit entfernt sind von diplomatischer Gravität wie von kosmopolitischer Anmaßung.

Freund, dieß tröstet mich bey so mancher trüben Aussicht, daß der Geist der Zeit dem Geiste der Humanität sich immer mehr nähert, und giebt mir die erquickende Hoffnung, daß aus dem Conflicte der Meynungen sich nach und nach auch in Teutschland ein Gemeingeist erheben werde, der uns gegen künftige Gewaltthätigkeiten schützen wird, sie mögen Namen und Formen haben, welche sie wollen.

Lebe wohl und gedenke meiner!

10.

Am 8ten Jenner.

Mich eckelt vor dem Friedensgeschäfte, wobey uns keine andere Aussicht bleibt, als mit dem Frieden auch unsre Schande zu unterzeichnen. Um dieser drückenden Vorstellungen los zu werden, mische ich mich unter Menschen, und suche Zerstreuung. Mich, wie mehrere meiner Herrn Collegen nicht ohne Behaglichkeit thun, an die Charte zu setzen, und das Gebiet meines Fürsten einstweilen zu arrondiren — dazu fühle ich eben keinen

Dra*g

Drang in mir. Ob aus der großen Erbschafts, ich hätte bald gesagt, Gantmasse, des teutschen Staatskörpers, der noch nicht einmal auf das Paradebett gebracht ist, auch etwas für meinen Committenten abfallen werde, darüber bin ich — bey allem Gefühl meiner Amtssucht — doch so ziemlich gleichgültig. Ich weiß, er mißt seinen Ruhm nicht nach Quadratmeilen, und ihm ist es mehr, zehn Familien in Wohlstand und Zufriedenheit zu versetzen, als über tausende zu gebieten.

An Anstalten zum Vergnügen fehlt es hier nicht. In diesem Punkte sind die Menschen allenthalben erfinderisch. Da giebt es einen Caffée du Congres, einen Caffée français, u. s. w.; überall recht hübsche Gesellschaft, wobey man sich nur — besonders um die Spieltische — die Taschen ein wenig fest zuknöpfen muß.

Ferner errichtete ein hiesiger Kaufmann ein Cassino, welches fast ausschließend von gesandtschaftlichen Personen besucht wird. Man zahlt 4 Dukaten monatliches Abonnement, und hat dafür wenigstens den Vortheil einer guten Gesellschaft, die freylich nicht immer eine interessante Gesellschaft ist. Wer nicht plaudern oder — gähnen mag, der findet eine Auswahl von Tagblättern, die in unsern Zeiten eher zu viel als zu wenig Interesse haben.

Es ist hier auch ein Theater, auf welchem die Strasburger französische Gesellschaft spielt. Sie giebt Operetten, Lustspiele, Dramen — aber bis jetzt hat sie sich erst an eine Tragoedie gewagt. Diese Leute kennen ihr Publikum, und wissen, daß es uns Noth ist, nicht gerührt, sondern erheitert zu werden.

Im Lustspiele lassen sie sich immer ansehen, aber ihre Oper ist Rabengeschrei, und ihr Drama Grimasse. Lobenswerth ist übrigens

übrigens ihre Bescheidenheit, indem sie sorgfältig alles vermeyden, was antirepublikanischen Ohren ein Aergerniß seyn könnte.

Vom Schauspiele führe ich dich, mein Lieber, in unsre Concerte und auf unsre Bälle. Beyde sind immer stark besucht, und wer sonst nicht Gelegenheit hat, das ganze Corps diplomatique zu sehen, der kann es hier. Nur Bonnier fehlt meistens dabey.

Von einem der letzten Concerte, welches ich versäumt hatte, erzählte mir einer meiner Freunde: Perret, Buonaparte's Secretär, habe in einer Ecke gestanden, ihm zur Rechten Görz, zur Linken — Cobenzel. Die anwesenden geistlichen Herren, setzte er hinzu, waren mit diesem Concerte gar nicht zufrieden.

Morgen werde ich einen Ausflug in die Gegend um Rastatt machen, und dir nächstens davon vorplaudern.

II.

Am 8ten Jenner.

Ich bin glücklich von meiner Excursion zurückgekommen, und habe, auf einige Tage wenigstens, meine verlorene gute Stimmung wieder hergestellt. Die Gegenden um Rastatt sind in der That angenehm, besonders gegen das Gebirg hin, und sie müssen es noch mehr seyn, wenn erst der Frühling den Wiesen ihr Grün und den Bäumen ihre Blätter wieder gegeben hat. Wir waren in Baden, einem zwo Stunden von hier entlegenen Städtchen, das seiner warmen Bäder wegen bekannt ist. Im Sommer mag es sich da ganz gut einige Monathe leben lassen, besonders mit guter Gesellschaft, oder — mit guten

G   Büchern,

Büchern, denn die Bewohner des Städtchens selbst, scheinen weder sehr gesellig noch sonst von irgend einer Seite interessant.

Das heißt allerdings voreilig geurtheilt, ich gestehe es, mein Freund! aber so sind nun wir Menschen. Von einer Masse gut oder schlecht gebauter Häuser schliessen wir auf den Charakter ihrer Bewohner, und was uns der Zufall beym Eintritt in einen Ort zuerst in den Weg führt, nehmen wir gewöhnlich zum Maßstab für alles übrige.

Die Hauptmerkwürdigkeit in Baden sind die warmen Quellen. Wenig bedeutend kamen mir die römischen Alterthümer vor, die man uns zeigte, und die in einigen schlecht aufbehaltenen Grabsteinen und Innschriften bestehen. Der Markgraf **Ludwig Wilhelm** hätte ein schöneres Monument verdient, als das ist, welches man ihm in der Collegiatkirche gesetzt hat. Einige Promenaden um die Stadt mögen in der schönen Jahrszeit anlockend seyn, besonders für den, der mahlerische Gebirg-Scenen liebt und — die Gicht nicht in den Beinen hat.

Wenn nur erst die schöne Jahrszeit heran kömmt, so werde ich meinen Käfich verlassen, und in die benachbarten Gebirge ausfliegen, und dort den Frieden suchen, der nie unter Menschen wohnt.

12.

Am 12. Jenner.

Von der Churmainzischen Gesandtschaft ist Herr Hofrath und Professor Nau ab- und nach Mainz zurückgegangen. Einige sagen, zur Rettung seines Vermögens; andre: er werde als Aide de Camp in französische Dienste treten.

Dieser

Dieser Tage kam auch der Bürger Bacher, ehemaliger Geschäftsträger der Republik bey der Eidgenossenschaft, hier an, und verlangte einen Paß von dem kaiserlichen Minister, um nach Regensburg zu reisen. Dieser wurde ihm, als einer diplomatischen Person und da der Friede mit dem teutschen Reiche noch nicht hergestellt ist, verweigert. Er erklärte hierauf, daß er die Reise nicht in einer amtlichen Sendung, sondern bloß als Citoyen Voyageur mache, und nach einigen zwischen der kaiserlichen und französischen Gesandtschaft über diesen Gegenstand gewechselten Schriften wurde endlich seinem Begehren willfahrt.

Dieß sind die neuesten eben nicht sehr wichtigen Ereignisse beym Friedens-Congresse; desto wichtigere Auftritte erzählen uns die Zeitungen aus andern Ländern. Die Landleute in der Schweiz erheben sich und fordern gleiche Rechte mit den Stadt-Bürgern. Wer könnt' ihnen auch dieß verargen? Schon haben sie einige ihrer Landvögte verjagt, und die Schlösser derselben niedergebrannt.

Die Römer haben wieder einen dummen Streich gemacht, und den französischen Gesandten in seinem Hotel überfallen. Es ist indessen nicht zu glauben, daß die Regierung hieran einigen Theil habe, oder man müßte zugleich annehmen, daß die Herren mit den rothen Häten ihrer fünf Sinne nicht mehr mächtig seyen. In jedem Falle scheint aber das Signal zum Untergange des Schiffleins Petri gegeben, und der Freund der Menschheit muß sich gestehen, daß das Capitol lange genug von Priestern und Banditen entweiht worden ist. Reinhards Prophezeihung, die er im Mai 1793, bald nach Basseville's Ermordung, im Angesichte von Rom sang, scheint ihrer Erfüllung nahe. Ich lege dir diese Ode eines zu wenig bekannten

Dich‐

Dichters*) hier bey, obgleich seine Ansicht der Dinge weder die deinige noch die meinige ist, so wird sie dir, einem so warmen Freunde des dichterischen Schönen, wenigstens von der poetischen Seite gefallen.

Im Angesichte von Rom.

Es sey! verschliesse mir, des neuen Frankens Sohne,
Die Stadt, die sieben Hügel deckt,
O Priester, am Altar und auf dem morschen Throne
Vom Ruf der Freyheit aufgeschreckt!

Ich eile stolz vorbey an Buonarottis Ehre,
Des fabelhaften Peters Dom.
Mit dieser Woge, wo sich gattet mit dem Meere
Die gelbe Tiber, flieh' ich Rom.

Sie wälzt, noch unvermischt sich zu dem Oceane,
Bald unterjocht und farbenlos —
So, Priester, schwimmt der Wahn von deinem Vaticane
Noch heut in leichter Zeiten Schoos.

Nicht immer so verbannt werd ich vorüber gleiten,
Am Ufer, wo einst Brutus stand;
Es tönt ums Capitol, ein Nachhall größrer Zeiten,
Der hohe Name: Vaterland!

Umsonst

---

*) Reinhard, ein Würtemberger, kam im Anfange der Revolution als Hofmeister ins mittägliche Frankreich, wurde durch Bekanntschaft mit den Girondisten bald hervorgezogen, und zu verschiedenen diplomatischen Missionen gebraucht. Zuletzt stand er als französischer Gesandter in Hamburg, von wo er kürzlich in gleicher Eigenschaft nach Florenz gieng. Von ihm besitzen wir auch eine Uebersetzung des Tibull.

Umsonst beschwörest du, vom Arm der Zeit ergriffen,
Ungläubig selbst an deine Macht,
Den Schatten Hildebrands und Loyolas Tartüffen,
Und alle Täuschungen der Nacht.

Umsonst bewaffnest du zur Rache deine Sbirren,
Und deinen Pöbel zum Verrath;
Dich schreckt der Freyheit Freund, um den die Fesseln klirren;
Dich foltert jene Frevelthat,

Da — o mein Vaterland, noch ist sie nicht gerochen —
Dein Abgesandter von der Hand,
Die Kreutz und Dolche schwingt, umarmt und dann durchstochen,
Was Priestertreue sey, empfand;

Und hilflos und erstarrt, von dummem Aberglauben
Umringt, den Tod drey Tage rief,
Am dritten unbekehrt, treu seinem großen Glauben,
Der Freyheit Märtyrer entschlief.

Des Tags der Rache harrend irren seine Manen,
Er blickt hinaus auf Land und Meer;
„Noch, spricht er, wehen nicht die dreygefärbten Fahnen
Von Mitternacht und Abend her. —

„Europa taumelt auf vom Schlaf der Vorurtheile,
Und ist dem edlen Volke gram,
Das, schon zu Thaten wach, mit ungestümmer Eile,
Den tiefen Schlaf zu stören kam.

„Wer

„Wer Völker unterjocht, schwört meinem Vaterlande
Den Untergang mit bleichem Mund —
Es treten gegen uns die Völker selbst — o Schande!
Werth ihres Joches, in den Bund.

„Versöhnt umarmen sich, den nahen Sieg zu feiern,
Tyrannenwuth und Priestertrug;
Für sie strömt Teutschlands Blut, das beyden Ungeheuern
Einst jene tiefe Wunde schlug.

„Selbst Albion vergißt der Freyheit vollen Jahre,
Und der Satrape, dem es fröhnt,
Verkauft mit feiler Hand dem Thron und der Thiare
Ein Volk, von Sidneys Geist entwöhnt.

„Wohlan, das Schlachtschwerdt klirrt, Blut sey des Bodens Weihe,
Auf dem der Menschheit Hoffnung ruht!
Gerüstet stehen sie, die Millionen Freye,
Zu strafen stolzen Uebermuth.

„Den blanken Stahl voran, das Freyheitslied im Munde—
Mehr Römer, Decius, als du —
So stürzen, eines Schritts, sie der Kanonen Schlunde
Zehntausend Deciusse zu;

„O Franken! edles Volk, für Menschlichkeit geschaffen,
In jeder Tugend liebenswerth;
Dich treffe nicht der Fluch, wenn die verirrten Waffen
Der Bürger gegen Bürger kehrt!

„Schwer

„Schwer falle jeder Mord und jeder Waise Stöhnen,
Und jede schwarze Greuelthat,
Dem Feindesbunde heim, der tollem Wahn zu fröhnen,
Vernunft und Recht zu Boden trat!

„Noch mancher schwarze Tag schwebt über Blutgefilden,
Noch manche Mitternacht umhüllt
Verbrecherischen Rath, der zischend aus dem wilden
Giftvollen Herzen überquillt.

„Bis, der das Schicksal lenkt, und vom umwölkten Sitze
Der Zeiten Glück und Elend wägt,
Hier mit dem Freyheits-Schwerdt, dort mit der Wahrheit Blitze
Europens Irrthum niederschlägt. —

„Dann, Franke, beut Natur dir wieder ihre Schätze,
Und zum Genusse Jugendkraft.
Dann schließt Vernunft den Bund im Tempel der Gesetze
Mit schlackenloser Leidenschaft.

„Dann komm in edlem Zorn, und räche meine Wunde;
Dann eil' ins Capitol heran!
Und von des Wahnes Sitz in schicksalvoller Stunde
Künd aller Geister Freyheit an."

Du siehst, mein Lieber, der Dichter hat seine Farben hier
und da etwas stark aufgetragen, und seine Begeisterung ist nicht
ganz unvermischt mit dem wilden Feuer der Revolution geblieben. Daß aber eine Herrschaft, die auf fortwährende Blindheit
des menschlichen Geschlechts gegründet war, ihrem Ende sich
nähert, darüber muß das Herz eines jeden schlagen, der nicht

aus

aus Betrug ein Gewerbe macht, oder seine ganze Bestimmung in dem engen Bezirk seiner thierischen Bedürfnisse sucht. —

Für die katholische Geistlichkeit ist die römische Banditen-Geschichte ein neuer Schlag und der Folgen schwerste von allen. Es gehört auch eine sehr hohe Resignation dazu, ein sichtbares Reich ohne Widerstreben gegen ein unsichtbares zu vertauschen.

13.

Am 18. Jenner.

Die neuen illimitirten Vollmachten sind von Regensburg in der Nacht vom 14ten hier angelangt, und den französischen Ministern bereits vorgelegt worden. Am 17ten war hierauf die erste amtliche Unterredung zwischen der kaiserlichen Plenipotenz und den Ministern der Republik, deren Innhalt du aus nachstehendem hierüber an die Reichsdeputation erlassenen Bericht ersehen wirst.

„Da die bevollmächtigten Minister der Republik den Bürger Bertoilo, Secretär bey dem Minister Treilhard, zu dem Grafen von Metternich geschickt hatten, um ihn einzuladen, ihnen eine Stunde zu bestimmen, in der es ihm gefällig wäre, sich zu ihnen zu verfügen, um eine Proposition anzuhören, die sie von Seiten ihrer Regierung an ihn zu thun den Auftrag hätten, antwortete er auf diese Botschaft: Er betrachte die Auswechslung der Kopien der gegenseitigen Vollmachten, die bey ihm in seiner Wohnung geschehen sey, als den ersten Akt einer officiellen Konferenz, und würde daher kein Bedenken tragen, sich seinerseits aus Rechyrocität in die Wohnung der Herren Bevollmächtigten der französischen Republik zu verfügen, um zu hören, was sie ihm zu proponiren hätten,

hätten, und er bestimme daher die Stunde zwischen 12 und 1 Uhr dazu, doch unter der Bedingung, daß dieser Grundsatz der Reciprocität bey solchen Schritten während der ganzen Negociation, wie es zu andern Zeiten geschehen sey, Statt finde."

„Der Graf von Metternich traf zur bestimmten Stunde ein, und fand in der Wohnung des Bürgers Treilhard, als des ältern Ministers der französischen Republik, auch den Bürger Bonnier. Nachdem ersterer das Wort genommen hatte, zeigte er an: daß, da der Direktorialminister von Mainz ihnen Nachricht gegeben hätte, daß die illimitirten Vollmachten der Deputation eingekommen, und die legalisirten Abschriften in der gewöhnlichen Form ausgewechselt worden, sie bevollmächtigt wären, die erste Grundlage des Friedens vorzutragen. Der Bürger Treilhard verbreitete sich dann über die Gerechtigkeit der Sache der französischen Regierung, und nachdem er als Thatsache festgesetzt hatte, daß sie von dem teutschen Reiche zu einem Kriege aufgefordert worden sey, der den Franzosen viel Blut und ungeheure Summen gekostet habe, faßte er seinen Vortrag dahin zusammen: daß die gegenwärtige Regierung ohne Zweifel das unbestreitbare Recht habe, sich für ihre großen Aufopferungen zu entschädigen; doch aber, da sie sich nicht von den Grundsätzen der Billigkeit und Gerechtigkeit entfernen wolle, durch die sie vorzüglich bewogen würde, dem Elende des Krieges ein Ende zu machen, und den Frieden auf feste Grundlagen wieder herzustellen, so schlage sie zur ersten Grundlage vor: Daß der Lauf des Rheins als Grenze anerkannt werde."

„Der bevollmächtigte Minister des Kaisers antwortete: Er wisse von der Ankunft der illimitirten Vollmacht der Reichs-Deputation; der Schritt des Direktorial-Ministers von Mainz bey den Ministern der französischen Republik sey mit seinem Wissen und seiner Genehmigung, als bevollmächtigten Ministers des Reichsoberhaupts geschehen. Da dieß erste Hinderniß gehoben sey, so sehe er mit Vergnügen, daß nichts mehr die Eröffnung der Negociation hindere; überdieß zeige die Geschwindigkeit, mit der Se. Majestät, als Reichsoberhaupt, und die Stände die gedachte Schwierigkeit entfernt hätten, augenscheinlich das sehr aufrichtige Verlangen, zu einem gänzlichen und vollkommenen Friedensschlusse mitzuwirken. Uebrigens könne er bey dieser Gelegenheit nicht unterlassen, die bereits schriftlich gethane Reclamation über die Form der Vollmachten der französischen Minister zu wiederholen, die nicht in der Regel wären, da sie nur die Fähigkeit zu negociren, und nicht die, abzuschliessen und zu unterzeichnen enthielte, wie es in der Diplomatik immer gewöhnlich gewesen sey; die Berichtigung dieser Vollmachten sey unter diesen Umständen wesentlich nothwendig, und es sey überdieß wichtig, daß zwischen den kontrahirenden Mächten vollkommene Reciprocität in der Form festgesetzt werde."

„Der Minister Treilhard antwortete: Sie hätten sogleich dem Direktorium die Note übersandt, die der Herr Graf von Metternich ihnen übergeben hätte; das Direktorium habe die völlige Gerechtigkeit derselben anerkannt, und sie hätten Befehl erhalten, zu erklären, daß es bereit sey, ihnen andre Vollmachten und in der verlangten Form zukommen zu lassen, wenn der bevollmächtigte Minister des Kaisers darauf bestünde; er, (Bürger Treilhard) glaube aber, daß man den Lauf der Negociation nicht bis zur Ankunft dieser neuen Vollmacht aufhalten müsse, da die, mit der sie versehen wären, zum Negociren hinreiche."

„Herr

„Herr Graf von Metternich glaubte sich bey dieser Vorstellung beruhigen zu können; und da dieser Punkt regulirt war, erklärte er in Betreff des Hauptgegenstandes dieser Zusammenkunft: daß er der Reichsdeputation die Proposition, welche die bevollmächtigten Minister der französischen Republik ihm gethan hätten, sogleich übergeben, und nicht weniger eilen würde, das Resultat der Berathschlagungen zu ihrer Kenntniß zu bringen, sobald er deren Genehmigung im Namen Sr. kaiserlichen Majestät erhalten haben würde. Der Bürger Treilhard zeigte an: daß er ebenfalls den Direktorial-Minister von Mainz und die andern Deputirten von der Proposition unterrichten würde, die er von Seiten des Direktoriums gethan habe. Der Herr Graf von Metternich glaubte, ihm bemerken zu müssen, daß das vollkommen in seiner Macht stünde; daß er ihm aber nicht verhehlen könne, daß dieser Schritt, als konstitutionswidrig, ganz ohne Wirkung bleiben würde. Der Bürger Treilhard schien darüber erstaunt, und äusserte sich: daß auf diese Art der Minister des Kaisers die Macht haben würde, den Lauf der Negociation aufzuhalten. Der Herr Graf von Metternich antwortete bejahend, zeigte aber, wie wenig wahrscheinlich es sey, daß der Minister des Kaisers in dem gegenwärtigen Falle die Negociation hindern oder aufhalten sollte, setzte aber hinzu, daß er in der That entschlossen sey, sich auf keine Art von den Gesetzen und der Konstitution des Reichs zu entfernen. Der Herr Graf von Metternich, der nicht für gut fand, eine Erörterung des teutschen Staatsrechts zu eröffnen, beschränkte sich auf die obgedachten Punkte; und da die französischen Minister nichts weiter antworteten, so betraf die fernere Unterhaltung gleichgültige Gegenstände. Der Herr Graf von Metternich begab sich endlich wieder weg. —

Mit dem Betragen gegen ihn hatte er alle Ursache, zufrieden zu seyn."

Das Schauspiel hätte also begonnen, und die Einleitungs-Scene wäre vorüber! Nur begreife ich nicht, warum man auf der einen Seite so ängstlich an die Form hält, während auf der andern so ganz ohne alles Zeremoniel, ausser dem, beym Militär üblichen, vorgefahren wird. Wenn die Franzosen sich anheischig gemacht haben, alles Gehäßige auf sich allein zu nehmen, so konnte ihnen dieß unmöglich viel kosten, denn es war leicht vorauszusehen, daß über den wahren Zusammenhang der Dinge niemand lange in Ungewißheit seyn und bleiben würde. Nächstens mehr hiervon.

14.

Am 20. Jenner.

In der Sitzung am 19ten erschien zum erstenmal die kaiserl. Plenipotenz, nachdem es vorher noch mancherley Stritigkeiten über diesen Gegenstand gegeben hatte. Der Herr Graf von Metternich bediente sich des Titels: Kaiserlicher Commissarius und kaiserliche Commission, und behauptete hieraus das Recht, nach Belieben in den Sitzungen der Deputation erscheinen zu dürfen; er verlangte, daß ihn die Deputation feyerlich abholen, daß ihm ein Sitz unter einem Thronhimmel errichtet werden sollte, und dergleichen mehr. Die Sache wurde endlich für dießmal durch gütliche Uebereinkunft beygelegt, die Plenipotenz erhielt zur Auszeichnung einen Armsessel, der zwischen die beyden Sessel der Electoralgesandten gesetzt wurde, so zwar, daß diese halb nach dem Sitze der Plenipotenz und halb nach den übrigen Deputirten ihre Richtung

tung erhielten! — Freund, — doch wozu Anmerkungen, die sich von selbst machen. Also, zur Sitzung dieses Tags.

Der kaiserliche Bevollmächtigte hielt eine Rede, worinn er sich zuerst über die Veranlassung des Congresses verbreitete, hierauf fuhr er weiter fort:

„Die Herbeybringung eines annehmlichen Reichsfriedens ist demnach diesem Congreß vorbehalten, und der eigentliche Gegenstand dieser ansehnlichen Versammlung. Die Grundlage der Unterhandlung ist die in den Leobner Präliminarien französischer Seits versprochene und von Sr. kaiserl. Majestät und dem Reiche angenommene Zusage der Reichs - Integrität. — Dieses, durch eine so feyerliche Handlung gegebene und durch die Ratifications-Instrumente bestättigte Wort, ist durch den 20. Artickel des zu Campo Formio am 17. October 1797 geschlossenen Friedens nicht aufgehoben, sondern es sind vielmehr im Eingang desselben die Präliminarien selbst zum Grunde gelegt, und in deren Gemäßheit die weitern Unterhandlungen mit dem teutschen Reiche zu Rastatt fortzusetzen beschlossen worden. — Nach den Regeln des Völkerrechts ist demnach nicht in Abrede zu stellen, daß nach der eigenen französischen Zusage die Reichs-Integrität selbst die nächste rechtliche Basis der künftigen Unterhandlungen geblieben sey. — Die entferntere allgemeine Grundlage liegt im Geiste der vom teutschen Reich entworfenen, von Sr. kaiserl. Majestät aber am 19. Nov. 1795 allergnädigst ratificirten Reichs-Instruktion, und im Besitzstande des Rechts vor Ausbruch der Mißhelligkeiten sowohl, als in den vorher im westphälischen Frieden mit ihm geschlossenen Verträgen."

„Nun hat zwar die Erfahrung einer fürtreflichen Reichsfriedensdeputation leider! bestätigt, mit welchem Feinde man zu schaffen habe! Wie er stolz auf seine, durch die bisherige Unbehülflichkeit der teutschen Reichsverfassung und durch andre bekannte Umstände herbeygeführte Uebermacht der Waffen, sein gegebenes Wort nach eigener Convenienz auszulegen pflegt! Wie wenig eingedenk er der Völkertreue, mitten im Waffenstillstande und während der Unterhandlung, die ihm im teutschen Reiche vorgezeichneten Linien feindlich überschritten, das dasige wehrlose Land mit Kontributionen und Requisitionen erschöpft, das wichtige Vorbedingniß der Reichs-Integrität für ungültig erklärt, und durch angedrohten Bruch der Unterhandlungen, die Beybringung einer uneingeschränkten Reichsvollmacht erzwungen habe! In Erwägung aller dieser Umstände läßt es sich daher nicht verhehlen, daß diese Unterhandlung unter höchst ungünstigen Vorbedeutungen beginne. Wie denn wirklich die französischen Bevollmächtigten in einer zwischen mir und ihnen am 17. Januar d. J. gepflogenen Besprechung, unter vielfältig angerühmter Gerechtigkeit und Mäßigung der französischen Republik, mir erklärten: "Daß sie als Hauptgrundlage des zu schliessenden Reichsfriedens den Lauf des Rheins zur Grenze forderten."

"So bedenklich dieser allgemeine Stand der Sache sich anläßt, so verlangt dennoch die Pflicht sämtlicher fürtreflichen Herren Subdelegirten, das auf sie gesetzte Zutrauen des Reichs, die Erhaltung der Würde, des Ansehens und des Ruhms der teutschen Nation, so wie die Verantwortlichkeit bey der Nachwelt, daß sie, in diesem äusserst kritischen Zeitpunkte, die unter so vielfältiger Anstrengung gegen alle Stürme und den Neid ihrer Feinde aufrecht erhaltene Freyheit der Mitstände, und die Grenzen samt der Verfassung des Reichs, nicht so platthin dem allgemeinen Reichsfeinde Preis geben. Nicht die

die von dem französischen Direktorium und dem National-Convent decretirte Vereinigung teutscher Reichslande mit dem französischen Gebiete, nicht ihr mit der Macht behaupteter Besitz und nicht ihre ausgeschriene Uebermacht sichert Frankreich im rechtlichen Besitze seiner Eroberungen. Nur allein die wechselseitige, friedfertige Uebereinkunft der Staaten, nur allein die feyerliche Abtretung der Lande, und nur der freye in den Friedensschlüssen erklärte Wille derselben, gründen, unterstützen und bestätigen das darauf habende Recht der Nationen. Niemand wird dem teutschen Reiche die Gerechtigkeit der gegen Frankreich ergriffenen Waffen absprechen, da letzteres im Jahr 1789, mitten im Frieden, mit Hintansetzung aller Friedensschlüsse, dem teutschen Reiche, dessen Mitständen und Gliedern, die unmittelbare Reichs-Ritterschaft mit einbegriffen, im Elsaß, Lothringen, Burgund und sonsten gebührende Souverainetäts-Rechte, Hoheits-Lehns- und Eigenthums-Gerechtsame, gegen alle bisherige Gewohnheiten und Grundsätze des Völkerrechts, in allen seinen Theilen angegriffen, alles entzogen; alle dahin einschlagende Friedensschlüsse für ungültig erklärt, dann unversehens das teutsche Reich mit Truppen feindlich überzogen, und vorzüglich auch durch die zerstörende Entwürfe einer vom Nationalkonvent über mehrere Theile Teutschlands und andrer davon abhängenden Staaten angemaßten, ganz beyspiellosen Revolutionsgewalt dem äusserst beleidigten teutschen Reiche den Entschluß gleichsam abgedrungen hat, zur Erhaltung seiner Verfassung, Unabhängigkeit und der Grenzen seines Gebiets den Reichskrieg gegen Frankreich zu erklären."

„Alle Grundsätze des Völkerrechts, die Politik und selbst das Beyspiel der Voreltern rufen daher sämtlichen fürtreflichen

Herren

Herren Reichsfriedens - Deputations - Subdelegirten zu, die Gerechtsame des Reichs gegen Frankreich zu reclamiren und zu verwahren; und den wider alle Gerechtigkeit und Billigkeit äufserst gedrückten Ständen diese tröstliche Beruhigung nicht zu verweigern. Sollte nun auch die nähere Entwickelung der Umstände Kaiser und Reich in die Nothwendigkeit versetzen, von ihrem ehemaligen gefaßten Entschluß abzugehen: so wird dennoch dadurch den beschwerten Ständen und Reichsangehörigen die Entschädigung offen gehalten, und den vortreflichen Herren Subdelegirten bey der Nachwelt das Zeugniß der getreuen Erfüllung ihrer Pflicht vollkommen aufbewahrt bleiben. In dieser Absicht haben Se. kaiserl. Majestät mir jetzt anbefohlen, mit der Proposition gegen Frankreich fortzugehen, und deßhalb eine fürtrefliche Reichsfriedens - Deputation in ihrem Namen gnädigst und väterlich zu ersuchen:

„Sie wolle, mit Hintansetzung aller Privatabsichten, ver-
„traulich berathschlagen, und anstatt Sr. kaiserl. Majestät,
„mir Dero Gutachten eröffnen, wie zu Wiederherstellung ei-
„nes bisher so sehnlichst gewünschten, billigen, annehmlichen
„und dauerhaften Reichsfriedens, mit Rücksicht auf obige
„Umstände, der erste Friedensantrag Kaisers und Reichs
„an die französischen Bevollmächtigten zu machen." Zweytens:
„Was auf die französischer Seits gemachte Präliminar - Aeuſ-
„serung zu antworten, und ob es nicht" drittens „bey dieser
„Veranlassung auf den gänzlichen Rückzug der französischen
„Truppen vom ganzen rechten Rheinufer und die Abstellung
„aller während des Waffenstillstandes und der angehenden Un-
„terhandlungen auf dem linken Rheinufer unternommenen
„Neuerungen und Bedrückungen bis Austragung der Sache,
„nach

„nach den allgemeinen Grundsätzen des Völkerrechts, anzutragen sey." —

„Es wird hiebey überflüßig seyn, einer vortreflichen Reichs-Friedensdeputation in Erinnerung zu bringen, was die ratificirten Reichsgutachten vom 2ten Sept. 1789, und der Schluß vom 30. April 1793, die Reichs-Instruktion vom 7ten Okt. 1795, die kaiserl. Ratificationen vom 19ten Nov. 1795 und 2ten Nov. 1797 in Rücksicht dieses Gegenstandes festsetzen, was Frankreich in den Leobner Präliminarien wegen der Integrität des Reichs versprochen, und was das Ratificationsgutachten vom 6ten August 1791 wegen den Separatfrieden und einseitigen Unterwerfungsverträgen einzelner Reichsstände, ohne beytretende kaiserl. und Reichsgenehmigung, für Grundsätze aufgestellt haben. Ich begnüge mich, bloß Ihre Aufmerksamkeit auf das verschiedene Verhältniß zu heften, in welchem die von Frankreich zu reclamirenden Provinzen und Ansprüche des teutschen Reichs im allgemeinen sowohl, als insbesondere vor dem Ausbruche der Mißhelligkeiten im Jahr 1789 gegen Frankreich gestanden, und nun das Schicksal haben, auf eine und die nemliche Art behandelt zu werden, und dennoch wegen ihrer Zurückstellung und Entschädigung noch eine ganz besondere Rücksicht verdienen."

„In Betrachtung der Wichtigkeit dieses Gegenstandes hegen daher Se. kaiserl. Majestät zu dieser ansehnlichen, den Kaiser und das Reich repräsentirenden Versammlung ihr besonderes Vertrauen, sie werde hiebey vorzüglich auf Ihro kaiserl. Majestät, als des Reichs-Oberhaupts — und des Heil. Röm. Reichs Würde, Ehre und Nutzen ihr Augenmerk richten, und nicht gemeint seyn, durch einige Rücksichten, heimlichen oder öffentliche Versuchungen der Feinde, oder Privat-Vortheile sich im

geringsten

geringsten dazu verleiten zu lassen, daß ohne die äusserste Noth einiger Bruch in die von undenklichen Zeiten wohlhergebrachte Reichsverfassung gemacht, noch einiger durch äusserliche Feinde dessen Grenzen so sehr eingeschränkt, oder durch feindliche Einmischung die Verfassung des teutschen Vaterlandes beeinträchtigt werde."

„Ich meinerseits werde nicht unterlassen, das mir ausnehmend schätzbare Zutrauen mittelst eines wechselseitigen aufrichtigen Einverständnisses mit den vortreflichen Herren Reichsdeputations-Subdelegirten bestens zu unterhalten, und alle und jede Beweise meiner persönlichen Ergebenheit darzulegen. Dieses wird Sr. kaiserl. Majestät zum allergnädigsten Wohlgefallen gereichen, und Allerhöchstdieselben werden es sämtlichen vortreflichen Herren Subdelegirten mit kaiserl. Huld und allen Gnaden zu erkennen unvergessen seyn."

Ich habe dir, mein Lieber, dieses Aktenstück ganz mitgetheilt, weil es in mancher Rücksicht merkwürdig ist. Du siehst daraus, daß der kaiserl. Bevollmächtigte ganz andre Instruktionen hat, als der Gesandte des Königs von Ungarn und Böhmen, und daß die eine Hand ausstreicht, was die andre schreibt.

15.

Am 24. Jenner.

Du erhältst hier eine officielle Druck- oder vielmehr Schreibfehler-Anzeige zu der dir neulich mitgetheilten ministeriellen Rede des Grafen von Metternich. Folgendes erließ er unterm 21. d. an das Churmainzische Direktorium:

„In

„In der kaiserl. Proposition vom 19ten d. ist aus Versehen, anstatt die gründliche Anregung derselben, nemlich der Reichs-Integrität, die geringste Anregung derselben gesetzt worden, wodurch der Zweifel entstand, ob wohl die k. k. Bevollmächtigten zu Udine sich in eine nähere Erörterung der Reichs-Integrität eingelassen hätten? Um dieses zu heben, ersuchet Unterzeichneter ein fürtrefl. Churmainzisches Direktorium, diesen Anstand zu Verbesserung des wahren Sinnes der Proposition durch die Dictatur bekannt zu machen, und zugleich, dem Unterzeichneten neuzugekommenen näheren Nachrichten zufolge, die Bemerkung beyzufügen: — Daß die k. k. Bevollmächtigten zu Udine allerdings eine Anregung der Reichs-Integrität gemacht, und die wörtliche Einrückung des Leobner Artickels wegen derselben verlangt haben; allein, da sich die französischen Bevollmächtigten in einer ganz gegentheiligen Stimmung befanden, sie nach wiederholten fruchtlosen Versuchen, ohne in die gründliche Erörterung der Integrität einzugehen, nach Voraussetzung der allgemeinen Grundlage der Leobner Präliminarien den 20sten Artickel des Friedens eingeschaltet haben, nemlich: daß die Reichsangelegenheiten auf einem besondern Congreß entschieden werden sollten, welches zur Berichtigung obigen Anstandes hinlänglich seyn wird."

Die Sachen werden immer deutlicher. Aber warum tritt man nicht endlich mit einer geraden Erklärung hervor, da der Schleyer doch einmal durchsichtig genug ist, und eine Erklärung durch Thatsachen auf jeden Fall schreyender ist, als eine wörtliche, die doch noch mildernde Wendungen zuläßt?

Es zirkulirt hier eine Abschrift der geheimen Friedens-Artickel von Campo Formio, die nicht ganz unächt scheint.

Oesterreich, heißt es darinn, überläßt es der Republik, den Rhein zur Grenze zu fordern, und das Reich allenfalls zur Abtretung der jenseitigen teutschen Provinzen zu zwingen. Preußen erhält keine neuen Besitzungen im Reiche, oder höchstens ein Aequivalent, wenn es sich dazu versteht, seine jenseitigen Lande an Frankreich zu überlassen; im Nichtfalle wird der Lauf der Nette (ein kleiner Fluß, der oberhalb Andernach in den Rhein strömt, und die Churfürstenthümer Trier und Köllen trennt) die neue Grenze der Republik vorzeichnen. Es soll auch zwischen Oesterreich und Frankreich ein Off- und Defensiv-Bündniß geschlossen werden, und Frankreich wird dieser Macht gegen die Angriffe von Preußen und Rußland beystehen, u. s. w.

Ein anderes Theilungs- und Säcularisationsprojekt des Heil. Röm. Reichs ist wohl nur das Spielwerk eines müßigen Kopfs, scheint aber doch nicht ganz ohne Absicht über das Meer herübergekommen zu seyn. In Schwaben und am Oberrhein hat dieses Projekt, welches alle Zeitungen in die Wette verbreiteten, eine Sensation unter dem Volke erregt, die von grosen Folgen seyn konnte. Man verbreitete einen gedruckten Aufruf, worinn die Bewohner jener Gegenden aufgerufen wurden, sich nicht willkührlich theilen und vertauschen zu lassen, sondern sich mit den Waffen in der Hand, für frey und unabhängig zu erklären, und den Congreß auseinander zu jagen.

Würklich war man hier nicht ohne Sorgen. Nach eingegangenen Anzeigen einiger Beamten waren französische Hände mit im Spiel. — Die ReichsDeputation wendete sich deßfalls an die kaiserliche Plenipotenz und diese an die französischen Minister, die in dem hierüber geführten Schriftwechsel erklärten,

ten, daß das französische Gouvernement dergleichen revolutionäre Bewegungen nicht begünstigen würde, daß aber die Auftritte im Oberlande höchst wahrscheinlich auf Rechnung des Kabinets zu St. James zu schreiben seyen, als welches ein offenbares Interesse habe, die Friedensunterhandlung zu unterbrechen.

Es mag dem seyn, wie ihm will, so sollte diese Geschichte wenigstens gewissen Menschen die Augen öffnen. Die Zeiten der Willkühr sind vorbey, und alle die hübschen Projekte von Vergrößerung und Arrondirung werden auch in Teutschland eine Revolution beschleunigen, wozu der Saame bereits ausgesät ist.

Der große an Polen begangene Raub war das erste verderbliche Beyspiel dieser Art, welches um so mehr auffallen mußte, je stechender der Kontrast war, den die zu gleicher Zeit erschienenen Manifeste gegen Frankreich damit machten. Sonst hatte der Mechiavellismus doch wenigstens den großen Haufen durch alte Documente und diplomatische Floßkeln zu täuschen gesucht, aber hier scheute man sich nicht, sich offen, ohne Umschweife zu dem furchtbaren Grundsatze zu bekennen: **Der Mächtige kann und darf alles gegen den Schwächern.**

Fürsten! eure Stärke lag bis jetzt in der Meynung; was bleibt euch noch, wenn ihr diese zernichtet? — —

Freund, schwere Wetterwolken ziehen sich zusammen über unsern Häuptern. — Muth, Muth! Die Zeiten werden Männer brauchen.

16.
Am 26. Jenner.

Ich habe neulich vergessen, dir die Antwort der Reichsdeputation auf die französische Proposition zuzuschicken; jetzt habe ich

sie nicht bey der Hand, und du mußt schon noch einige Tage
darauf warten. Wirkung erwarte ich keine davon, obschon
einige Gründe wichtig genug sind. —

Du fragst mich, was es mit der würtembergischen Land-
schaftsdeputation für eine Bewandniß habe? Was ich davon
weiß, ist Folgendes:

Die würtembergischen Stände haben ein in ihrer Konstitution gegründetes, bis itzt unbestrittenes Recht, bey allen Lan-
desangelegenheiten, besonders in Kriegs - und Friedenssachen,
beygezogen zu werden; der Herzog hatte aber ohne sie Waffenstillstand und Frieden mit Frankreich geschlossen, und ließ sie,
ungeachtet ihrer öftern Anfragen, hierüber in einer gänzlichen
Unwissenheit. Dazu kam noch, daß sein Nachfolger, der itzt
regierende Herzog, schon im voraus Maßregeln ergriff, die
seine Absicht, sich einst Souverän zu machen, deutlich genug
zeigten. Jetzt erst entschlossen sie sich, einen eigenen Deputirten, in der Person ihres Konsulenten Georgii, nach
Rastatt zu schicken, um bey dem Congresse für die Rechte
und das Interesse des würtembergischen Vaterlandes zu wachen.
Die Stände ermangelten nicht, dem Herzoge in Zeiten davon
die Anzeige zu machen, der sich aber begreiflicher Weise dagegen
setzte. Indessen befahlen die Stände ihrem Konsulenten abzu-
reisen; er kam in Rastatt an, und wurde von den französischen
Ministern aufs Beste empfangen. Ob nun gleich die Sendung
der Stände ganz rechtlich war, so hielt sich Georgii dennoch fortwährend in einer gänzlichen Unthätigkeit, weil er
noch immer auf die gütliche Beylegung der Streitigkeiten mit
dem Herzoge hoffte. Der würtembergische Minister in Rastatt,
Baron Mandelslohe hingegen, war mit einem geheimen
Ausschuß, den der Herzog inzwischen in Stuttgardt verfassungs-

widrig

widrig niedergesetzt hatte, unermüdet daran, auf Entfernung des von seinem Vaterlande geliebten Georgii zu arbeiten. So standen die Sachen bis nach dem Tode der Herzogs, dessen Nachfolger dem Drang der Zeiten nachgeben zu wollen scheint, und die Sendung eines landschaftlichen Deputirten bestätigte. Herr Georgii ist auch seitdem durch Herr von Mandelslohe selbst bey den hiesigen Gesandtschaften aufgeführt worden.

In jeder Rücksicht rechtfertigt dieser Mann die Wahl und das Zutrauen seines Vaterlandes. Mit reichen Kenntnissen paart er strenge Redlichkeit, ist unermüdet arbeitsam, freymüthig, einfach und anspruchlos, undscheint kein anderes Interesse zu kennen, als seinem Vaterlande wohl zu dienen, kein anderes Vergnügen, als welches das Bewußtseyn erfüllter Pflichten gewährt.

In frühern Jahren stand er als Lehrer an der Militär-Akademie in Stuttgardt; diese Stelle sagte seiner Neigung wenig zu. Er wurde hierauf Oberamtmann in Beilstein nachher in Calw, alsdenn Regierungsrath und Kirchenkasten-Advokat, welche letztere Stelle ihm Sitz und Stimme im Konsistorium gab. Im Jahr 1797 wählten ihn die versammelten Landstände einhällig zu ihrem Konsulenten. Georgii überließ, edel, die Entscheidung hierüber dem Herzoge, und daß dieser die Wahl bestätigte, gereicht Georgii zur größesten Ehre. Der Herzog kannte diesen Mann genug, um zu wissen, wie innig er an seinem Vaterlande hieng, aber er kannte auch die unbestechliche Redlichkeit desselben, und so mußte ihm in jener stürmischen Epoche, wo sich trübe Wetterwolken über Würtemberg zusammengezogen hatten, ein Mann willkommen seyn, der eben so fest gegen Anarchie als gegen Usurpation stand. Auch tragen alle von ihm während der Landtags-Sitzungen entworfenen Vorstellungen und Petitionen das Gepräge der Mäßigung, aber auch der Ehrfurcht für die Konstitution und die bürgerliche Freyheit. — Sein Secretär, Herr Gutscher, ist ein kenntnißvoller, heller, braver Mann, voll Liebe für sein Vaterland.

Uebrigens ist es schlimm, daß seinem Vaterlande dienen und — seinem Fürsten dienen, in manchen Ländern noch so ganz verschiednen ja entgegengesetzte Dinge sind! —

Der Fürstbischoff von Strasburg hat seit kurzem auch eine Deputation hier aufgestellt. Sie besteht aus einem Domherrn, einem Abt und einem ausgewanderten Pfarrer. Dieser letztere, ein gewisser Herr von Eggs, soll ehemals dem Condeischen Korps mancherley gute Dienste geleistet und unermüdet für dasselbe gearbeitet haben. Es ist sich zu verwundern, daß die Republikaner ihm noch nicht auf die Spur gekommen sind.

Jetzt dächt' ich, hätt' ich dir für heute genug geschrieben. Lebe wohl!

17.

Am 2ten Februar.

Die französische Gesandtschaft hat am 24. des letzten Monats ebenfalls eine neue Vollmacht erhalten. Ihre erste bestand bloß in einem Arrete des Direktoriums, wodurch sie beauftragt wurde, sich nach Rastatt zu verfügen, und daselbst den Frieden mit dem teutschen Reiche zu unterhandeln, nicht aber — ihn auch abzuschliessen und zu unterzeichnen. Kleinigkeiten im Grunde, die nichts ändern.

Die Franzosen haben nun auch die Mannheimer Rheinschanze genommen. Der französische General Ambert gab dem pfälzischen Commandanten zwo Stunden Bedenkzeit und ließ nach Verlauf derselben stürmen. —

Warum,

Warum, fragte Ambert den pfälzischen Obristlieutenant Craiteur, warum thaten sie Widerstand und ließen Blut vergießen, da die Besitznahme der Rheinschanze doch im Frieden von Campo Formio bedungen ist? — Hätte man also, wie es die Reichsdeputation verlangte, jene Friedens-Artickel bekannt gemacht, oder nur wenigstens den einzigen, der die Abtretung aller festen Plätze jenseits des Rheins enthält, so — wäre das Leben von 600 Menschen geschont worden! Wahrlich, nicht um eine Welt möcht ich dieses Blut auf meiner Seele haben. Oder fühlt ein Menschenherz nichts mehr von den Tarantelstichen des Gewissens, wenn man ein Ordensband darüber hängt? Fast noch empörender ist das Schreiben, welches General Hatry an den Obristen **Bartels** in Mannheim erließ, und worinn er, im Namen des Direktoriums, von dem Churfürsten Genugthuung wegen des bey Besitznehmung der Rheinschanze geleisteten Widerstands verlangt, und namentlich eine Entschädigung für die bey dieser Gelegenheit Verwundeten und für die Angehörigen der Gebliebenen.

O heilige Humanität!!

18.

Am 5ten Februar.

Der Commandant von **Philippsburg** hat sich an die Reichsdeputation gewendet, und auf den nicht unwahrscheinlichen Fall, daß die Franzosen auch diese Festung auffordern sollten, um Verhaltungsbefehle nachgesucht. Er bemerkte dabey, daß in der Festung keine Kanonen seyen, und seine Besatzung aus 750 Mann Infanterie und 200 Kavalleristen bestehe.

Der Churtrierische Particular-Abgeordnete hat eine ähnliche Vorstellung wegen Ehrenbreitstein übergeben, und darinn geäussert: daß der Churfürst nicht länger im Stande sey, die Besatzung zu unterhalten, und er sich ehestens genöthigt sehen würde, sein Militär zu verabschieden, und die Festung samt dem Geschütze den Franzosen zu überlassen. Er habe sich deßhalb schon zweymal an kaiserl. Majestät gewendet, aber nie eine Antwort erhalten. —

Von den eigentlichen Friedens-Unterhandlungen schreib ich dir nichts. Ich denke, die Hauptsache werde in einigen Tagen abgethan seyn, und dann sollst du alles mit einem haben.

Es sind noch einige Schriften in Bezug auf den Friedens-Congreß erschienen, die ich dir bey Gelegenheit übersenden werde. Gutes und Schlechtes durcheinander, wie man nicht anders erwarten kann.

Daß die meisten auswärtigen Zeitungen sehr viel von hier lügen, ist leider, nur zu wahr! das sicherste und einzige Mittel, den Neuigkeitsjägern den Markt zu verderben, wäre, daß man die Verhandlungen gleich drucken liesse. Der teutsche Bürger, den es eigentlich gilt, hat doch wohl ein offenbares Recht, zu erfahren, wie sein Interesse besorgt wird, und einige Tage später fliegt doch alles ins Publikums aus. —

Apropos! weißt du auch, was hier ein Gedankenstrich kostet? einen Gulden vierzig Kreutzer baaren Geldes. Bey dem Congresse ist alles theuer. Ich habe dir diese Anekdote zu erzählen vergessen. Der Verfasser des hiesigen sogenannten Congreßblatts, welches übrigens nicht sehr bedeutend ist, hatte bey einem Artickel über Mainz einige Gedankenstriche angebracht. Der österreichischen Gesandtschaft fiel dieß auf, sie requirirte die Polizey, und diese büßte den Verfasser um eine Geldsumme

19.

Am 25. Februar.

Ich habe dir lange nicht geschrieben. Unpäßlichkeit, Arbeiten, üble Laune und — ich weiß nicht, was sonst noch, sind Ursache hieran.

Das Paket, welches du heute erhältst, ist desto reichhaltiger, du findest darinn den Schriftwechsel über die von den Franzosen vorgeschlagene Friedensbasis. Einiges Historische hole ich hier nach:

Um den drohenden Schlag abzuleiten, der den Ständen des heiligen Reichs droht, entwarf Bayern den Plan zu einer neuen Coalition, durch dessen Ausführung, wenn sie in die Kategorie der Möglichkeiten gehörte, eine schlimme Sache leicht noch schlimmer werden dürfte.

Die Franzosen, die darüber, so wie über alles, was hier in Geheim geschieht, bald Winke bekamen, nahmen es sehr übel, und sprachen auch in ihren Noten von sträflichen Intriken, neuen Coalitionen u. d. gl.

Dieser Tage äusserten sie sich sogar: Sie hätten von Paris Befehle erhalten, nicht länger Spaß mit sich treiben zu lassen, sondern zu ernstlichen Maaßregeln zu schreiten, wenn man länger zögern wollte, in die, beyden Staaten so nothwendige und zuträgliche Friedensbasis zu willigen.

Die Hauptgründe, worauf sie sich stützen, sind: Künftige Sicherheit und Entschädigung für die Kriegskosten.

Was den letzten Punkt betrift, so hätten sie sich deßhalb einzig und allein an die Fürsten zu halten, welche das Emigranten Unwesen begünstigten.

Die Sicherheit der französischen Republik gegen Teutschland wird ungleich mehr durch Teutschlands Verfassung als durch den Rhein und einen dreyfachen Gurt von Festungen garantirt. Jeder Schulknabe weiß, daß wir nie im Stande sind, einen Eroberungskrieg zu unternehmen. Aber, gesetzt auch, dieß wäre der Fall, so ist doch kein Staat berechtigt, seine Sicherheit auf fremde Kosten zu gründen. Können wir nicht mit Gerechtigkeit uns erhalten, so müssen wir als Männer mit ihr untergehen. Es liegt wenig daran, ob ein Staat aus der Weltcharte verschwinde, aber es liegt alles daran, daß, wenn er besteht, seine Basis — Humanität sey. —

Die Reichsdeputation hat von den Particular-Abgeordneten Gutachten über die Abtretung des linken Rheinufers eingefordert, die fast alle dahin ausfielen, daß man das kleinere Uebel, das heißt, lieber Abtretung als Krieg wählen solle. Für diese großmüthige Aufopferung wollen sie aber auch alle diesseits entschädigt werden. Es wäre ein Meisterstück eines politischen Plusmachers, hiezu einen Plan zu entwerfen, der jedem Genüge leistete. — Lebe wohl!

Beylagen.

Erste Antwort der Reichsdeputation auf die französische Friedensproposition.

Der Antrag einer Friedensbasis, welcher unterm 17. Febr. der kaiserl. Plenipotenz und dem churmainzischen Deputations-Direktorium von der französischen Gesandtschaft dahin gemacht worden sey, daß die französische Republik als Grundlage des abzuschließenden Reichsfriedens den Lauf des Rheins zur Grenze verlange, entferne sich so sehr von derjenigen Friedensbasis,
welche

welche teutscher Seits beabsichtigt worden sey, daß man der französischen Gesandtschaft diejenigen Betrachtungen nicht vorenthalten könne, welche sich diesem Antrag entgegen stellten. Ohne jetzt in die ältern rechtlichen Staatsgründe einzugehen, welche dem teutschen Reich in Absicht auf diesen Antrag überhaupt zur Seite stünden, könne man vor allem nicht unbemerkt lassen, daß durch die in Vorschlag gebrachte neue Reichsgrenze nebst den burgundischen auch die beträchtlichsten Bestandtheile der 3 rheinischen Reichskreise von Teutschland abgerissen und hierdurch viele angesehene Stände des teutschen Reichs und so viel andre Reichsangehörige ihre Lande und Besitzungen entweder ganz oder doch größtentheils verlieren würden."

„Die ohnehin schon so mächtige französische Republik würde durch diese für sie verhältnißmäßig unwichtige überrheinische Provinzen schon an sich selbst, noch mehr aber in Hinsicht ihrer Verschiedenheit in Sprache, Sitten und Denkungsart, keinen so beträchtlichen Zuwachs an reeller Macht und Größe erhalten. Das teutsche Reich hingegen und dessen ganzes System, wobey die teutschen Völker bisher zufrieden gewesen seyen, durch diesen, für dasselbe äusserst beträchtlichen Verlust, bis auf seine Grundpfeiler zerrüttet, und der teutsche Staatskörper dermaßen geschwächt werden, daß er seine bisherigen Verhältnisse gegen die andern europäischen Staaten fortan zu behaupten, und seine dermalige Verfassung aufrecht zu erhalten, kaum mehr vermöchte."

„Gleichwohl sey eben diese eigenthümliche von Frankreich im westphälischen Frieden ausdrücklich garantirte Verfassung im Centrum von Europa von jeder aufgeklärten Politik für eines der ersten Mittel das politische Gleichgewicht dieses Welttheils zu erhalten, angesehen worden, und selbst Frankreich, dem es

bereits

bereits in vordern Zeiten nicht unmöglich gewesen wäre, seine Grenze bis an den Rhein auszudehnen, habe dieselbe dennoch seinem Staats-Interesse niemals angemessen gefunden."

"Ganz im Geist dieser bisherigen Politik seyen die Präliminarien zu Leoben am 17. April 1797 abgeschlossen, und in denselben dem teutschen Reich seine Integrität zugesichert, auch solche im Definitivfrieden von Campo Formio bestätigt worden. Hierdurch habe das teutsche Reich Gründe genug zu haben geglaubt, um über die Aufrechthaltung seiner Verfassung und seiner Integrität vollkommen beruhigt zu seyn, und man habe nicht vermuthen können, daß, dem klaren Innhalt dieser feyerlichen Verträge zuwider, die französische Regierung ihre Forderung an das teutsche Reich nicht nur auf alles dasjenige, was sie auf dem linken Rheinufer vor dem Frieden von Campo Formio erobert, sondern sogar auch noch auf jene Lande, deren sie sich erst während des Waffenstillstandes und während der Friedensunterhandlungen selbst plötzlich bemächtigt habe, sonderlich aber auf die eigentlich nicht eroberte teutsche Grenz-Festung Mainz erstrecken würde."

"Wenn man nun endlich hierbey noch betrachtet, daß das teutsche Reich nicht angreifender, sondern angegriffener, mithin zum Krieg genöthigter Theil sey; auch, daß die französische Republik mehrmals selbst öffentlich sich von allen Eroberungs-Absichten entfernt erklärt habe; überhaupt aber eine siegende Nation nur durch Mäßigung sich das allgemeine Vertrauen von Europa erwerben, und sich dadurch eine dauerhafte Größe versprechen könne, so glaubt die Friedensdeputation, man könne von der Gerechtigkeit und Großmuth des französischen Gouvernements erwarten, es werde dasselbe geneigt seyn, statt des dermalen geschehenen Antrags, eine solche Grundlage des Friedens

zu

zu proponiren, welche mit demjenigen, was in den Präliminarien zu Leoben zu Gunsten des Reichs stipulirt worden ist, sich mehr in Uebereinstimmung setzen lasse. Mit diesem auf den Reichsfrieden und dessen Basis selbst sich beziehenden Antrag sehe man sich noch vermüßiget, einige andere provisorische Anträge an die französische Gesandtschaft in Verbindung zu setzen, welche die dermalige bedrückte Lage der französischer Seits okkupirten teutschen Reichslande betrafen. Man glaube um so sicherer der Erfüllung derselben entgegen sehen zu dürfen, als diese Ausflüsse der mit der französischen Nation abgeschlossenen Verträge und der allgemein anerkannten Gesetze des Völkerrechts auch wesentliche Folge der nunmehr wirklich eröffneten Definitivfriedens-Negociationen seyen."

Diese Anträge concentrirten sich dahin, daß

1) Den Friedenspräliminarien von Leoben gemäß, der Waffenstillstand bis zum Definitivfriedensschluß genau beobachtet werde.

2) Daß nunmehr die französischen Truppen sich von dem rechten Rheinufer gänzlich ab, auf dem linken aber hinter die vertragsmäßige Waffenstillstands-Linie zurückziehen möchten.

3) Daß alle Feindseligkeiten, und daher auch die, unter mancherley Namen auferlegten ausserordentlichen Contributionen und Requisitionen für jetzt und künftig aufhören.

4) Daß alle Veräusserungen der den Reichsständen und ihren Unterthanen, Stiftungen und Vasallen, auch allen und jeden mittel- und unmittelbaren Reichsangehörigen zustehenden, sowohl in als auffer dem teutschen Reichsgebiete gelegenen Begüterungen, den verderblichen Waldverheerungen und Holzverkäufen; der Suppression der geistlichen und frommen Stiftungen, den Verfolgungen der Unterthanen, welche ihren bisheri-

gen Herrschaften ihre gesetzmäßige Anhänglichkeit bezeigt haben, und besonders den sich noch wirklich im Dienst ihrer Herrschaften befindenden Civil- und Militärpersonen unter dem auf sie ohne allen Grund angewandten Emigranten-Namen, und der daher vorgenommenen Sequestration- oder Verkauf ihrer Güter und Habschaften, Einhalt gesche; weniger nicht diejenigen Diener, welche bisher noch in den, theils vorhin, theils jetzt erst okkupirten Landen geblieben, mit Arrest ihrer Person und ihres Vermögens auf keine Art bekümmert, sondern ihnen mit ihren Effekten sich wegzubegeben und ihren Herren zu folgen, erlaubt werden möge; überhaupt aber die in den von den französischen Truppen okkupirten teutschen Ländern gar nicht anwendbaren Emigrationsgesetze bey allen denjenigen, weß Standes sie immer seyn mögen, nicht in Vollzug gesetzt werden, welche sich von dem Schauplatz des Krieges und von den Aufenthalts-Orten der Armeen in diesen Gegenden entfernt hätten.

5) Daß das Republikanisiren der Unterthanen und jede Veränderung der bisherigen Grundverfassung, so wie überhaupt alle Revolutions-Anstalten und Neuerungen in den von den französischen Truppen sowohl besetzten als nicht besetzten Reichslanden abgestellt werden; und endlich

6) Die Truppenzahl selbst in den sodann noch besetzt bleibenden Landen, um ihrer gänzlichen Erschöpfung zuvorzukommen, verhältnißmäßig vermindert werde.

Die Reichsdeputation wünsche sehnlichst, daß kaiserl. Plenipotenz mit dieser in der vorgeschlagenen Maaße zu erlassenden Antworten die französische Gesandtschaft sich auch ihres Orts vereinige.

Erste

Erste Gegen-Note der franz. Gesandtschaft.

„Die Unterzeichneten haben die Antwort der Reichs-Deputation auf den Vorschlag der französischen Republik, daß der Rhein die Grenze werde, erhalten. Sie werden solche ihrer Regierung zuschicken, müssen aber sogleich bemerken, daß die Antwort auf wesentlich fehlerhaften Grundlagen beruhe. Ganz Europa weiß, daß das Reich der Republik den Krieg erklärt hat, zu einer Zeit, wo diese ein aufrichtiges Verlangen und einen mächtigen Beweggrund hatte, den Frieden zu erhalten. Das Reich kann also keinesweges zu seinem Vortheil jene Erklärung auffassen, daß die Republik nie Krieg führen werde, um sich durch Eroberungen zu vergrößern: eine Erklärung, welche übrigens auf keine Weise billige Schadloshaltungen, besonders im Fall eines ungerechten Angriffs, ausschließt oder das Recht durch Bestimmung fester Grenzen für seine Sicherheit zu sorgen, beschränkt."

„Von der andern Seite ist es klar, daß die Verfassung des Reichs dadurch allein, daß sein Gebiet sich verkleinert, nicht abgeändert wird. — Endlich können die Präliminarien eines Vertrags, woran das teutsche Reich nicht einmal Antheil hatte, nicht mit Grund entgegen gehalten werden, da überdieß noch statt der Bestimmung desselben, ein nachher abgeschlossener Friede eintrat."

„Und doch sind es diese drey Gründe, auf welchen die Antwort der Reichsdeputation beruht. Sobald nun ihre Unstatthaftigkeit erwiesen ist, kann auch Alles, was man daraus folgern wollte, nicht bestehen. Und die Gründe, worauf die Forderung der französischen Republik beruht, bleiben noch in ihrer ganzen Stärke."

„Die

„Die Schadloshaltung, welche die Republik verlangt, ist gerecht: ihre Sicherheit fordert die Rheingrenze, und Sicherheit des Reichs fordert diese Grenze noch mehr. Die Reichs-Deputation sah sich gedrungen, förmlich anzuerkennen, daß die Republik keinen beträchtlichen Zuwachs an Macht und Größe durch den Erwerb der am linken Rheinufer gelegenen Reichs-Länder erhalten würde, man möge ihre Größe, oder ihre Sprache, Sitten und Denkart in Betracht nehmen."

„Es erhellet daraus, daß nicht aus Vergrößerungssucht die Republik die Rheingrenze begehrt, und daß ihr Verlangen auf einem viel dringenderen, und beyden Mächten gemeinschaftlichen Grund beruht, nemlich um zur künftigen Sicherheit für unveränderliche Grenzen zu sorgen. Davon ist also die Rede, und nicht von der Reihe von Fragen, welche die Reichs-Deputation dem eigentlichen Gegenstand der Erörterung unterzuschieben scheint."

„Die Unterzeichneten setzen nur noch eine Bemerkung hinzu, daß die ungesäumte Genehmigung dieser Forderung der Republik und die darauf folgende Entscheidung der Neben-Punkte, und die Abschließung eines dauerhaften Friedens allen Vorwand zu wechselseitigen Beschwerden heben werden. Und dieß ist das einzige Mittel, um zu beweisen, daß man in Wahrheit, und nicht zum Schein, den Drangsalen des Kriegs ein Ende zu machen wünscht.

Rastatt, den 9ten Regenmonat, im 6ten Jahr d. R.

Die bevollmächtigten Minister der franz. Republik,
Treilhard, Bonnier.

Zweyte

Zweyte Antwort der Reichsdeputation.

„Die hochansehnliche Plenipotenz, vereint mit der Reichs-Deputation, müsse den bevollmächtigten Ministern der französischen Republik die, mittelst der Note vom 28. Jan. gefällig ertheilte Versicherung, daß sie die, auf ihre proponirte neue Friedensbasis von den erstern erhaltene und von ihnen gemeinsam gut gefundene Antwort alsbald an das französische Gouvernement überschickt hätten, um so mehr verdanken, als die hochansehnliche Plenipotenz und die Deputation zuversichtlich hoffen dürfte, das französische Gouvernement werde der Erheblichkeit und Wahrheit der Gründe, welche in dieser Antwort vorgelegt worden, volle Gerechtigkeit widerfahren lassen."

„Daß aber eben diese Gründe nicht sogleich in dem ersten Augenblick bey den französischen bevollmächtigten Ministern selbst die erwünschte Ueberzeugung gewirkt hätten, müsse man bloß dem Umstand zuschreiben, daß in gedachter Antwort Alles nur vorerst in kurzen Sätzen habe vorgetragen werden wollen, was sich hiernächst bey weiterer Discussion bestimmter werde erläutern lassen; so habe man daher den wesentlichen Satz: daß das teutsche Reich nicht angreifender, sondern angegriffener, mithin zum Krieg genöthigter Theil gewesen sey, vorerst allerdings ohne nähern Beweis vorgetragen. Dieser Beweis aber liege in den öffentlichen Akten und in der chronologischen Folge der damals notorischen Ereignisse; nach der Verfassung des teutschen Reichs werde jeder Reichskrieg durch Gutachten der allgemeinen Reichsversammlung und hinzukommende Ratification des allerhöchsten Reichs-Oberhauptes beschlossen. Dieses Reichsgutachten sey für den gegenwärtigen Krieg den 22. Merz 1793 zu Regensburg beschlossen worden, und in offenem

Druck

Druck erschienen; damals sey die Cüstinische Armee schon ohne alle Kriegs-Erklärung, ja sogar ohne alle Commination, in die rheinische Reichslande eingefallen gewesen, und habe sich schon wirklich eines großen Theils des ober- und kurrheinischen Kreises bemeistert gehabt; es heisse daher in dem gedachten Reichsgutachten wörtlich:

„Nachdem Frankreich dem Reiche mit der That selbst ohne „alle förmliche Erklärung den Krieg gemacht, die Lande „der Stände mit feindlicher Heeresmacht angegriffen und ok- „kupirt habe ꝛc., so sey — — — — dieser von Frankreich „gegen das teutsche Reich wirklich bereits angefangene und „durch die That selbst erklärte, abgenöthigte Krieg für einen „allgemeinen Reichskrieg zu achten."

„Durch dieses konstitutionelle Dokument und die in demselben enthaltenen Thatsachen sey also nunmehr vollkommen bewiesen, daß das teutsche Reich ein mit Krieg angegriffener, und nicht angreifender Theil gewesen sey, und daß mithin dieses Reich, indem es sich bloß in den Schranken der abgedrungenen Nothwehr erhalten habe, wohl nicht erwarten sollte, eine solche Verminderung seines Territoriums zu erleiden, welche seine ganze Verfassung wesentlich zerrütte. Eine wesentliche Zerrüttung des Reichs sey aber unstreitig, wenn nicht nur viele ansehnliche Fürsten und Stände, auch reichsritterschaftliche Cantone ihre Lande ganz oder zum Theil verlören, sondern sogar auch alle 4 rheinische Herren Churfürsten, mithin das halbe churfürstliche Collegium, theils ihrer Residenzen, theils beynah aller ihrer Churlande entsetzt würden. Neben dem Verlust des burgundischen Kreises würde hierdurch auch der churrheinische Kreis beynahe zernichtet werden; der oberrheinische die Lande seiner beyden Direktoren, Worms und Pfalzsimmern, auch

vieler

vieler andern Stände beynah gänzlich verlieren; der niederrheinische aber fast eben so empfindlich in seinen Ständen leiden. Daß also dem Reiche durch die Friedensbasis der Rheingrenze ein äusserst beträchtlicher, seine bisherigen Verhältnisse zerstörender Verlust bevorstehen würde, ergebe sich hieraus von selbst. Nur als Gegensatz eines solchen erschütternden Verlustes könne man den Zuwachs, welchen dadurch die französische Republik erhalten würde, verhältnißmäßig ihrer schon wirklich bestehenden Macht und Größe für dergestalt beträchtlich nicht ansehen, daß dieser Zuwachs in dem Augenblick, wo diese mächtige Republik der lange schon leidenden Menschheit Ruhe und Frieden zu verschaffen, ernstlich gemeynt sey, für sie entscheidend seyn könne; und nur in so ferne, als die Erhaltung dieser Lande bey dem teutschen Reiche ganz Europa interessire, die französische Republik hingegen diesem Welttheile redende Beweise ihrer Mäßigung geben wolle, sehe man diese allerdings schöne, große und volkreiche Lande in Hinsicht auf diese Republik für nicht so wichtig an, daß letztere nicht den Reiz einer solchen Vergrößerung überwinden werde, um dagegen den wahren Ruhm politischer Mäßigung zu behaupten. Ueberzeugen könne man sich ohnehin nicht, daß die Grenzen deß in manchen Gegenden sich sehr schlängelnden, in andern oft sein Bette verlassenden, auch häufig mit Inseln bedeckten Rheins, einer andern fest bestimmten mehr militärischen Grenze vorzuziehen sey; noch weniger aber: daß das teutsche Reich selbst Ursache habe, diese Rheingrenze auch mit geringerm Verlust, als wovon hier die Frage sey, sich zu wünschen; daß aber diese Grenze überhaupt mit der dem Reich in den Präliminarien zu Leoben zugesagten Integrität sich nicht vertrage, davon schienen die französischen bevollmächtigten Herren Ministers selbst überzeugt

zeugt zu seyn; indem dieselben bloß in Zweifel zögen, ob das Reich die gedachten Präliminarien für sich anzuführen mit Recht vermöge. Nun giengen zwar diese Friedens-Präliminarien allerdings das teutsche Reich weiter nicht an, als in so fern kaiserl. Majestät in Ihrer allerhöchsten Eigenschaft als Reichs-Oberhaupt, nach der allerhöchst Ihnen vom Reich ausdrücklich übertragenen ersten Friedens-Einleitung auch zugleich für das Reich zu Leoben traktirt habe. Allerhöchstdieselben hätten nun aber dem Reiche unterm 18. Junius des verflossenen Jahrs feyerlich bekannt gemacht:

„Daß in den am 18. April zwischen den kaiserl. und franz. Bevollmächtigten unterzeichneten und nunmehr wechselseitig ratificirten Friedens-Präliminarien, zufolge der auf Allerhöchstsie durch das ratificirte Gutachten vom 3. Jun. 1795 im ehrerbietigsten Vertrauen übertragenen ersten Friedens-Einleitung zu Begründung eines sichern und billigen Friedens, festgesetzt worden sey, daß vom Tage der Unterzeichnung an alle Feindseligkeiten zwischen dem teutschen Reiche und der französischen Republik aufhören sollten; sodann ein Congreß von beyderseitigen Bevollmächtigten zu beschicken und der Hauptfriede auf die Basis der Integrität des Reichs abzuschließen sey."

„Womit denn auch die zugleich mitgetheilten eigentlichen französischen Worte dieses Präliminar-Friedensartickels vollkommen übereinstimmten. Das Reich habe nicht gesäumt, diese bekannt gemachte Friedens-Basis mittelst eines eigenen Schreibens in tiefstem Dank zu acceptiren, und es habe nunmehr lediglich der versprochenen weitern Bestimmung entgegen gesehen; wann und wo seine Deputirten zu Beschließung des Definitivfriedens auf die festgesetzte Basis eintreffen sollten."

„Die

„Die Bevollmächtigten Sr. kaiserl. Majestät hätten nunmehr für und Namens des Reichs nichts anders mehr zu traktiren gehabt, als über die Zeit und Ort zu conveniren, wann und wo der Definitiv-Reichsfrieden abgeschlossen werden solle."

„Dieses noch einzigen Auftrags hätten sich gedachte Bevollmächtigte dadurch entlediget, daß in dem 20. Artickel des Friedens von Campo Formio die gedachte Zeit und Ort wirklich bestimmt seyen. Von andern Dispositionen des Friedens von Campo Formio wisse man nichts; vielmehr seyen im Eingang dieses Friedens die Präliminarien von Leoben ausdrücklich bestätigt worden, ob es gleich, so viel das teutsche Reich betreffe, welches von daher weiter nichts erwartet habe, keiner solchen Bestätigung bedurft habe."

„Was endlich die Reihe von Beschwerden betreffe, welche man der Antwort auf die proponirte Friedensbasis beyzufügen, sich genöthigt gesehen habe, so wünsche man zwar nichts sehnlicher, als daß solchen durch baldigen Definitiv-Friedensschluß mit einemmal abgeholfen werden möge. Da man jedoch von der Gerechtigkeit des französischen Gouvernements sich versprechen dürfe, daß diese größtentheils sehr dringende Beschwerden auch jetzt schon in Gefolge der Leobner Präliminarien und des Waffenstillstandes würden gehoben werden, so müßte man die bevollmächtigten französischen Minister angelegenst ersuchen, nicht nur diesen wiederholten Antrag um baldige Abstellung der erwähnten Beschwerden, sondern zugleich auch alle hier oben zu Erhaltung der Reichs-Integrität weiter angeführte Gründe, so wie es bereits mit der ersten Antwort geschehen sey, ebenfalls noch an ihr Gouvernement zu bringen, und solche zu dessen billiger Rücksicht bestens zu empfehlen."

„Die

„Die Reichsdeputation schmeichle sich der hier vorgeschlagenen weitern, an die französische Gesandtschaft zu erlassenden Antwort eben so, wie mit der erstern, den erleuchteten Gesinnungen der hochansehnlichen kaiserl. Plenipotenz begegnet zu haben, und hoffet daher zu vernehmen, daß sich Höchstdieselbe auch mit dieser fernern Antwort gänzlich vereinigen werde."

Zweyte Gegen-Note der franz. Minister.

„Die bevollmächtigten Minister der französischen Republik haben die Note der Reichsdeputation von dem gestrigen Tage erhalten. Weit entfernt, Beweggründe anzubieten, wodurch ihr erster Friedensvorschlag gemildert werden könnte, kann diese Note im Gegentheil Nichts, als die ganze Schicklichkeit und selbst die Nothwendigkeit desselben fühlbar machen. — Der öffentliche und anstößige Schutz, welchen Haufen von Ausgewanderten, die unsre Grenze bedrohten, ungeachtet der dringendsten Vorstellungen der Republik, fanden, war der erste feindliche Schritt gegen Frankreich, das zuverläßig den Frieden wollte, und unwidersprechlich ein großes Interesse hatte, ihn aufrecht zu erhalten. Die beständige Weigerung, diese Versammlungen von unversöhnlichen Feinden zu zerstreuen, nöthigte Frankreich zu Maaßregeln der Selbsterhaltung. Weit entfernt, diese durch eine billige Genugthuung auf zu halten, endigte das Reich damit, den Krieg zu erklären: Diese Thatsachen sind weltkundig."

„Nie hat man die Integrität des Reichs zur Grundlage des Friedens zwischen dem teutschen Staatskörper und der französischen Republik genommen, oder dazu nehmen wollen. Dieß ist ebenfalls eine allgemein bekannte Sache: und es würde ein unbegreiflicher Grad von Leichtgläubigkeit seyn, das Gegen-

theil

theil anzunehmen. Auch der 20. Artickel des Friedens von Campo Formio, die einzige Stelle, wo von dem Frieden zwischen diesen beyden Mächten die Rede seyn soll, enthält nur dieß, daß zu Rastatt ein Congreß gehalten werden soll. Es ist unnöthig, die Erklärung der Reichsdeputation, welche sie in Absicht auf ihre Geständnisse über die Wichtigkeit der Reichs-Besitzungen jenseits des Rheins gegeben hat, zu untersuchen. Die bevollmächtigten Minister der französischen Republik würden sich strafbar machen, wenn sie sich in Weitläufigkeiten einliessen, die keine andre Wirkung haben können, als den allgemein gewünschten Zeitpunkt einer Endigung des Kriegs noch weiter hinaus zu schieben."

"Sie erklären die Reichsdeputation wegen der Folgen verantwortlich, welche die längere Weigerung, einer gerechten, angemessenen, und beyden Staaten nützlichen Friedensgrundlage beyzutreten, haben wird, welche denen, die auf dem linken Rheinufer verloren haben, eine Schadloshaltung auf dem rechten Rheinufer eröffnete. Rastatt, den 15. Pluviose, J. 6. der französischen Republik. (3. Februar.)

Treilhard, Bonnier.

Dritte Antwort der Reichsdeputation.

"Man habe aus der erwähnten Note mit Bedauern ersehen, daß die fernern Erläuterungen, welche unter dem 2. Febr. den bevollmächtigten Ministern der französischen Republik gegen die vorgeschlagene neue Friedensbasis mitgetheilt worden seyen, ihren Beyfall ebenfalls nicht erhalten hätten. Ob man num schon noch immer hoffen müsse, daß diese Gründe von dem französischen Gouvernement annoch in gerechte und billige Erwägung würden gezogen werden, so wolle man doch gegenwärtig, um auch

auch den entferntesten Schein zu beseitigen, (als beziele man durch anhaltende Vertheidigung seiner Gründe die Verzögerung der Friedensunterhandlungen) sich nicht nur der weitern Ausführung derselben dermalen gänzlich, sondern auch noch aller gründlichen Bemerkungen enthalten, welche sich den in der jüngsten französischen Note angeführten neuen Thatsachen entgegenstellen liessen. Man halte für das beste Mittel, dieses Friedenswerk zu beschleunigen, wenn die Deputation in den Stand gesetzt werde, dasjenige auf einmal vollständig zu übersehen, was die französische Republik von dem teutschen Reiche nach einem unglücklichen Kriege als Opfer verlange. Um den Umfang und den eigentlichen Werth der Abtretungen beurtheilen zu können, müsse man besonders wissen, welche Modifikationen überhaupt dabey Statt finden, auch welche Domanial- und sonstige Zuständigkeiten nebst dem als unverletzlich vorauszusetzenden Privateigenthum denjenigen verbleiben sollen, welche solche Abtretungen eigentlich betreffen möchten. Ohnehin könne es den Einsichten des französischen Gouvernements nicht entgehen, daß es für die Verhandlungen ein großer Zeitverlust seyn würde, wenn eine vielumfassende Basis zuvörderst allein festgesetzt werden sollte, weil man ohne deren vorgängige Ratifikation von Kaiser und Reich in dem Pacifikationswerk nicht weiter würde fortschreiten können; dahingegen, wenn dermalen eine vollständige, der Lage der Umstände angemessene, gerechte und billige Proposition von Seiten der Republik erfolge, sich die Deputation darauf in einer Art erklären könne, welche zu einem baldigen Abschluß des ganzen Geschäfts die gegründetste Hoffnung machen müsse."

"Man glaube hierdurch den thätigsten Beweis des diesseitigen eifrigsten Wunsches zum baldigen Friedensschluß zu geben,

werde

werde es aber auch als die erste Probe der gegenseitigen friedlichen Gesinnungen zu erkennen nicht verfehlen, wenn die französische Republik übrigens unter Beobachtung des Waffenstillstandes bis zum Ausgang der gegenwärtigen Friedensunterhandlungen wenigstens ihre Truppen einstweilen von dem rechten Rheinufer abziehen, und dadurch diese so hart mitgenommene Lande zu erleichtern sich entschliessen wollte.

Rastatt, den 8. Febr. 1798.

Dritte Gegen-Note der franz. Minister.

„Die bevollmächtigten Minister der französischen Republik bemerken, in Antwort auf die Note der Reichsdeputation vom heutigen Datum, daß man den Gegenstand ihrer ersten Proposition wohl nicht deutlicher fassen könne, als sie gethan hätten."

„Die französische Republik verlangt den Rhein als Grenzscheide beyder Staaten. Dieß ist der **unabänderliche Wille des französischen Gouvernements**; hierüber kann kein Zweifel Statt haben, nachdem die Eröffnung durch die Minister der Republik geschehen ist. Es ist daher nicht darum zu thun, den Werth der abgetretenen Gegenstände zu berechnen; die Reichsdeputation ist sich im Anschlag derselben nicht gleich geblieben, aber nichts kann gleichgültiger seyn, da die Basis unter jeder Voraussetzung nothwendig ist."

„Noch weniger kann hier in Frage kommen, welche Besitzungen den beschädigten Fürsten übrig bleiben sollten. Die Domänen der Fürsten, welche die Souverainetät ausübten, werden jetzt, wie es in solchen Fällen üblich ist, in die Domäne

mäne der Nation übergehen, an welche die Abtretung geschehen ist."

„Die Fragen verwickeln wollen — hieſſe nicht den Friedensſchluß beſchleunigen, ſondern ihn verzögern. Abtretung deſſen, was jenſeits des Rheins liegt — dieß die Baſis! Entſchädigung auf dem rechten Ufer — dieß die Folge! Die Berechnung, die Art und die Anwendung der Entſchädigungen kommen nachher in Betracht. Wie kann man ſich mit Folgefragen beſchäftigen, bevor man über das Princip einig iſt? Der erklärte Wunſch des franzöſiſchen Gouvernements für den Frieden kann nicht in Zweifel gezogen werden; es iſt notoriſch, daß die Miniſter der Republik ſich eilten, bald bey dem Congreß zu erſcheinen, daß ſie hinlängliche Vollmacht zum Unterhandeln dahin mit ſich brachten, daß ſie ihre erſte Propoſition mit Offenheit in demſelben Augenblik machten, wo die Reichsdeputation hinreichend authoriſirt war, dieſelbe anzuhören; und, um keinen Zweifel über ihr Verlangen, den Abſchluß zu beſchleunigen, übrig zu laſſen, werden ſie fortfahren, alles ſorgfältig zu beſeitigen, was, ohne geradezu zum Zwecke zu führen, den Gang der Negociation aufhalten, und von der Hauptſache auf Nebenfragen und fremde Gegenſtände führen würde; alles, was nur dazu dienen könnte, die Völker noch länger den Drangſalen des Kriegs auszuſetzen, indem man den Uebelgeſinnten Zeit lieſſe, verderbliche Bündniſſe und ſträfliche Intriken zu knüpfen."

„Die Miniſter der franzöſiſchen Republik beziehen ſich gänzlich auf ihre Note vom 15. Pluvioſe, und beſtehen darauf, die Deputation für verantwortlich zu erklären wegen längerer Weigerung oder Ausflüchte, die eben ſo gut als Weigerung ſind, einer zuträglichen und nothwendigen Friedensbaſis

beyzu-

beyzutreten. Rastatt, den 22. Pluviose, (10. Febr.) im 6. J. der Republik.

Treilhard, Bonnier.

Vierte Antwort der Reichsdeputation.

Die am 14. Febr. beschlossene dritte Erklärung der Reichs-Deputation wurde von derselben am 16. Febr. dem kaiserlichen Bevollmächtigten übergeben, und ist folgenden Innhalts:

"Der Römisch kaiserl. Majestät sey unverhalten: die durch den Erlaß der h. a. kaiserlichen Plenipotenz vom 11. laufenden Monats mitgetheilte jüngste Note der französischen Gesandtschaft vom 10. Febr. (22. Pluv.) sey abermals von der Deputation in reifliche Berathschlagung gezogen worden. Nach Innhalt dieser Note habe der Wunsch der Deputation, den ganzen Umfang der Aufopferung, welche von dem teutschen Reiche verlangt werden möchte, übersehen zu können, leider bey der französischen Gesandtschaft neuen Anstand gefunden. Obschon man nun noch immer dafür halte, daß die Erfüllung dieses Wunsches und die Eröffnung eines dahin abzielenden Propositi den baldigsten Abschluß des Friedens vorzüglich erleichtert und beschleunigt haben würde, so dürfe man sich doch nach der erfolgten sehr bestimmten Erklärung der französischen Gesandtschaft nicht wohl länger der Hoffnung überlassen, einem widerholt darauf gerichteten Antrag mehr Beyfall zu verschaffen. Es bleibe daher nichts übrig, als nunmehro eine solche Antwort zu ertheilen, wodurch die französische Gesandtschaft überzeugt werde, daß es dieser Deputation ein wahrer Ernst sey, vermöge ihrer illimitirten Reichsvollmacht den Abschluß eines Friedens salva ratificatione Cæsaris et imperii thunlichst zu beschleunigen. Nun könne man sich die allerdings sehr schmerz-
liche

liche Ueberzeugung nicht verbergen, daß dieser Friede mit Aufopferungen werde erkauft werden müssen. Man habe dieß in der zweyten Note vom 10. Febr. bereits ohne Zurückhaltung anerkannt, sich auch gegen die französische Gesandtschaft schon im Allgemeinen zu Abtretungen erboten; die französische Gesandtschaft bestehe aber, dieser Erklärungen ungeachtet, anhaltend auf der Abtretung aller Lande der linken Rheinseite. Bey Erwägung aller gegenwärtig in Betracht zu ziehenden und hinlänglich bekannten, für das teutsche Reich so ungünstigen Ereignisse und Verhältnisse könnte es selbst gefährlich seyn, wenn man sich ferner mit leeren Hoffnungen täuschen wollte; und indem man auf der einen Seite von dem französischen Gouvernement noch immer erwarte, es werde die vortheilhafte Lage, in welche das Glück der Waffen die französische Republik versetzt hat, nur mit derjenigen Mäßigung benützen, die als Grundsatz der jetzigen Regierung so feyerlich zugesagt worden, sey es auf der andern Seite Pflicht, zu gestehen, daß der Friede, nach welchem Teutschland seufze, nur mit schweren Bedingungen erkauft werden könne. Es werde also nunmehr allerdings an dem seyn, daß sich den Anträgen der französischen Gesandtschaft noch mehr, als bisher geschehen, genähert, und das der Ruhe und Sicherheit der Reichslande zu bringende schwere Opfer bestimmter angegeben werde. Es halte daher die Reichs-Deputation nunmehr dafür, daß der französischen Gesandtschaft auf ihre jüngste Note vom 10. Febr. zu erwiedern seyn möchte: — Man habe mit Zuversicht gehofft, daß der den Ministers plenipotentiairs der französischen Republik in der disseitigen Note vom 10. Febr. geäusserte Wunsch, alle Friedensbedingnisse mit ihren respektiven Modifikationen auf einmal zu erfahren, die Ueberzeugung bewirken werde, wie lebhaft man

dißits

disseits die baldige Erzielung des Friedensschlusses beabsichtige. Die Gegen-Note von demselben Tage aber entspreche diesem Wunsche nicht, indem darinn auf der bereits vom 11. Febr. von der französischen Gesandtschaft gemachten Proposition einer Friedensbasis lediglich bestanden werde. Wenn man nun aber auch dem wiederholten Antrag eine Friedensbasis vorher zu bestimmen, länger nicht zu widerstehen gemeynt sey, so würden doch die französischen Minister und Plenipotentarii bey nochmaliger Erwägung aller in den vorherigen Noten angeführten erheblichen Gründen von selbst ermessen, wie wenig man auf die vorgeschlagene Basis, wornach der ganze Lauf des Rheins zur Grenze der beyden Staaten verlangt werde, in ihrer ganzen Ausdehnung einzugehen vermöge.

Um jedoch alle Nachgiebigkeit zu beweisen, und aufs bäldeste zu Abschliessung des Friedens zu gelangen, glaube man, so schmerzlich es der Deputation fallen müsse, dennoch sogar auch sehr beträchtliche Aufopferungen nicht versagen zu können. Wenn daher das französische Gouvernement seine Friedensproposition, wie man von dessen Gerechtigkeit und Billigkeit beharrlich erwarte, mäßige, und nur die Hälfte der auf der linken Seite des Rheins liegenden teutschen Reichslande verlangen wolle, so würde auf diese Basis die Unterhandlung gegründet werden können, und käme es fürs erste nur darauf an, daß man französischer Seits nun über diejenige Hälfte, welche der Gegenstand der Abtretung seyn sollte, unter den allenthalben und in einem jeden Betracht nöthigen Modifikationen, und mit möglichster Rücksicht aus Festsetzung einer militärischen Grenzlinie sich sofort bestimmt erklären möge. Nach diesem unumwundenen Erbieten könne der französischen Gesandtschaft nicht der geringste Zweifel mehr übrig bleiben, als ob man

disseits

disseits den Friedensabschluß nicht aufrichtigst zu beschleunigen suche. Es werde daher französischer Seits nunmehr dieses minder Anstand finden, daß einstweilen die genaueste Haltung des Waffenstillstandes mit Zurückziehung der französischen Truppen vom rechten Rheinufer, um welchen man sich schon mehrmals verwendet habe, verbindlich zugesichert werde. Die Reichsdeputation dürfe in Rücksicht der hierbey leider nur zu wahren Betrachtung erwarten, daß die h. a. kaiserl. Plenipotenz sich mit diesem das Friedenswerk hoffentlich sehr befördernden Deputationsschluß vereinigen werde, worüber sie der weitern Eröffnung entgegen sieht. Rastatt, d. 16. Febr. 1798.

Vierte Gegen-Note der franz. Minister.

„Die Note der Reichsdeputation, welche gestern Abend den bevollmächtigten Ministern der französischen Republik durch den Herrn Grafen von Metternich, Bevollmächtigten Sr. Majestät des Kaisers, zugestellt wurde, enthält eine in jeder Rücksicht unzuläßige Modifikation der von Seiten der französischen Republik gemachten Forderung."

„Die in dieser Note vorgeschlagene Theilung würde Inconvenienzen aller Art bestehen lassen, die unvermeidlich sind bey Grenzen, welche die Natur nicht selbst vorgezeichnet hat, ohne einen besondern Vortheil darzubieten, der jenen Inconvenienzen das Gleichgewicht hielte."

„Erwägt man nun noch, daß die Beweggründe, aus welchen die Reichsdeputation die französische Proposition bis auf diese Stunde abzulehnen suchte, eben so sehr einer theilweisen als einer gänzlichen Abtretung entgegen stehen, und daß folglich das Anerbieten einer Hälfte ein förmliches Geständniß von der Unzulänglichkeit jener Beweggründe ist, so lassen sich keine Ursachen denken, welche die Deputation vermögen könnten, die andre Hälfte noch zu verweigern; zumal da man sich erinnert, daß sie in ihrer ersten Note sich auf die Unwichtigkeit dieser Besitzungen stützte."

„Es ist ausserdem allgemein bekannt, daß alle erbliche Fürsten und Stände, welche Besitzungen auf dem linken Rhein-Ufer haben, bereits ihre Beystimmung zu einer Abtretung gegeben haben, deren Nothwendigkeit sie einsehen. Es kann also nur ein geheimes Privatinteresse sich dem allgemeinen Wunsch entgegen stellen, der nach einem langen und grausamen Krieg so laut um Frieden ruft."

„Die französische Republik ist es diesem allgemeinen Wunsche, sie ist es sich selbst schuldig, nicht zur Verlängerung von Drangsalen beyzutragen, welche die Menschheit beugen, und welches geschehen würde, wenn sie längere Zögerungen duldete, die Uebelgesinnte öffentlich dazu benutzen, neue Coalitionen zu knüpfen."

„Die Minister der Republik erklären daher, daß sie, fester als je, auf ihrer Proposition — in der ganzen Ausdehnung derselben bestehen; sie verlangen eine schleunige und positive Antwort über eine seit langer Zeit vorgesehene Basis, die von allen Einsichtsvollen als zuträglich und nothwendig anerkannt ist, in welche die dabey am meisten interessirten Theile gewilligt haben, und die, da sie der Republik nichts läßt, als was sie schon besitzt, noch obendrein die Ruhe beyder Staaten sichert."

„Die Mitglieder der Reichsdeputation werden nun zu prüfen wissen, ob sie die Verantwortlichkeit aller schlimmen Folgen auf sich zu nehmen Sinnes sind, welche Weigerung oder Zögerung in diesem Falle nach sich ziehen dürfte."

Rastat, den 2. Ventose, im 6. Jahr der franz. Republik.

Treilhard, Bonnier.

20.

Am 1. März.

Nach der letzten ziemlich deutlichen und positiven Erklärung der Franzosen hätte man glauben sollen, die Deputation würde der Nothwendigkeit nachgeben, und in eine Abtretung willigen, die zu hintertreiben nicht in ihrer Macht steht. Baden hatte auch bereits in einer der letzten Sitzungen diesen Antrag gemacht; allein, Bayern, Würzburg, Mainz, die Reichsstädtischen Deputirten und selbst Sachsen suchen noch immer auszulenken. Von den geistlichen Ständen ist es sich nicht zu verwundern, denn es gilt ihre Existenz; auch Bayern mag nicht ungegründete Besorgnisse hegen; aber was kömmt bey längerm Zögern heraus? — Die Deputation findet unsre Proposition nicht deutlich genug, sagte neulich Treilhard zu einem hiesigen Gesandten; il faut apprendre ces messieurs par les coups de bâton! — Eine ganz neue diplomatische Sprache, und fast so originell, wie die, welche auf dem Congresse zu Giftow geführt wurde, wo Graf Orlow den türkischen Bevollmächtigten mit Ohrfeigen bekomplimentirte? —

Die Deputation hat jetzt ein neues Friedensprojekt entworfen. Die Republik, sagt sie, verlangt die Rheingrenze nicht, um sich zu vergrößern, sondern um ihrer Sicherheit willen; eine solche möchten wohl der Rhein und die Mosel eher gewähren, als der ganze Lauf jenes Stroms. Die Deputation überläßt nun der Republik, ob sie das rechte oder linke Ufer der Mosel wählen wolle, und gestattet noch ausserdem, daß die neue militärische Grenze über den Fluß, auf das dem teutschen Reiche bleibende Gebiet vorgerückt werde. Da man noch immer voraussetzt, bey den Franzosen durch Gründe Eingang zu finden, so hätte die Deputation doch diese erschöpfen, und besonders folgende nicht übergehen sollen, denen man französischer Seits schwerlich etwas Scheinbares hätte entgegen setzen können.

1) Frankreich wird desto mehr von Teutschland zu fürchten haben, je mächtiger einzelne Stände werden, und je mehr folglich die Kräfte dieses Reichs sich concentriren.

2) *Flüsse sind zwar natürliche aber keine sichere Grenzen.* Eine Linie von so ungeheurer Ausdehnung, wie der Lauf des Rheins eine bildet, kann nie, weder so befestigt noch so durch Truppen gedeckt werden, daß sie nicht auf einzelnen Punkten durchbrochen werden könnte.

3) Will die Republik consequent in ihren Grundsätzen seyn, so muß sie die Bewohner der jenseitigen Reichslande fragen: Ob sie ihr angehören wollen oder nicht. —

Ueberhaupt vermißt man in den Noten der Deputation das Treffende, Eingreifende, von welchem man sich wenigstens einige Wirkung in der öffentlichen *Meynung* versprechen könnte. Ueber diesen letzten wichtigen Punkt ein andermal.

Buonaparte wird dieser Tage wieder hier eintreffen, und uns — das Schwerdt und den Oehlzweig zur Wahl vorzeigen. Lebe wohl!